Henri Troyat

IHR SEHR ERGEBENER DIENER

Henri Troyat

IHR SEHR ERGEBENER DIENER

Ein Leben am Hofe der Zarin Katharina II.

ROMAN

Aus dem Französischen von
Elisabeth Mainberger-Ruh

Artemis & Winkler

Titel der französischen Originalausgabe:
VOTRE TRÈS HUMBLE ET TRÈS OBÉISSANT SERVITEUR

Die deutsche Bibliothek – CIP-Einheitsaufnahme

TROYAT, HENRI:
Ihr sehr ergebener Diener: ein Leben am Hofe der Zarin
Katharina II.; Roman/Henri Troyat.
Aus dem Franz. von Elisabeth Mainberger-Ruh.-
Düsseldorf; Zürich: Artemis & Winkler, 1997
Einheitssacht.: Votre très humble et très
obéissant serviteur <dt.>
ISBN 3 538 07062 8

Druck und Bindung: Wiener Verlag, Himberg
Printed in Austria
ISBN 3 538 07062 8

VORBEMERKUNG

Die Hauptperson dieser Erzählung ist unschwer als fiktiv zu erkennen, zahlreiche Figuren in ihrem Umkreis hingegen haben tatsächlich existiert. Einige sind sogar als bedeutende Persönlichkeiten in die Geschichte eingegangen. So habe ich denn einer fiktiven Gestalt historische Personen gegenübergestellt und damit bewußt etwas Verwirrung gestiftet. Doch Einbildungskraft ist die Richtschnur des Romanciers, Faktentreue hingegen der Maßstab des Biographen. Romanciers haben ja seit jeher nichts anderes im Sinn, als Wahrheiten zu erfinden und Lügen zu beglaubigen.

Henry Troyat

ERSTER TEIL

I

Wie hatte ich bei meiner Ankunft in Danilowo nur glauben können, ich würde unter der Trennung von St. Petersburg leiden, dem dortigen Prunk, den Lästermäulern und dem tückischen Kampf um Beförderung und Aufstieg nachtrauern? Schaue ich auf mein Leben zurück, wird mir bewußt, daß ich in diesem Provinznest mehr inneren Frieden gefunden habe als irgendwo sonst. Doch eigentlich entspricht dieser Rückzug in die Beschaulichkeit, umgeben vom leisen Rauschen der Blätter und fröhlichen Zwitschern der Vögel, keineswegs meiner Bestimmung. Denn ich bin durch und durch ein Stadtmensch. Zwar hatten meine Eltern in der Nähe von Twer einst ein weites Gut mit tausendfünfhundert Leibeigenen besessen, doch wir begaben uns nie dorthin. Ein deutscher Gutsverwalter, Karl Schütz, leitete den Gutsbetrieb ehrlich und kompetent. Meinem Vater, Iwan Nikititsch Schewezow, waren Zahlen ein Greuel, weshalb er die Betriebsabrechnung jeweils ungelesen zurückschickte. Soweit meine Erinnerungen auch zurückreichen, stets habe ich das Bild eines Vaters vor mir, der einzig und allein am Glanz des mondänen Lebens interessiert war. Auch meine Mutter zog die Lustbarkeiten der Gesellschaft denjenigen des Landlebens vor. Ich habe sie stets nur als eine verschlossene, distanzierte und beim geringsten Anlaß irritierte Frau gekannt. Wie hat sie sich doch im Laufe der Jahre verändert! Ist sie es wirklich, diese etwas müde, aber noch immer herrschsüchtige ältere Dame, die mein Leben teilt? Nicht nur ich, auch sie hat den Lichtern der Hauptstadt ohne Bedauern den Rücken gekehrt. Während ich diese Zeilen schreibe, dringt eine scheltende Stimme durch die Wand. Aus völlig nichtigem Anlaß setzt meine Mutter einer Dienerin zu. Ihre schrille Stimme ärgert und beruhigt mich zugleich. Hörte ich sie nicht mehr, wäre ich sehr unglücklich.

Hat sie meinen Vater geliebt? Vermutlich ja. Und er sie? Da habe ich meine Zweifel. Früh Waise geworden, wuchs meine Mutter bei einer Tante auf; in St. Petersburg galt sie als begehrenswerte Partie, und hinter vorgehaltener Hand wurde über die Höhe des Erbes getuschelt, das ihr die Eltern hinterlassen hatten. Ganz anders mein Vater; er konnte nur auf sein Auftreten, seine Eloquenz, seinen parfümierten Schnurrbart und seinen samtenen Blick zählen. Als er Sofja Alexejewna Posnjakow auf einem Ball erblickte, witterte er sogleich die gute Partie. Damals tat er seinen Dienst als Oberleutnant im Jägerregiment der kaiserlichen Garde. Doch hatte ihn das Schicksal nicht für die militärische Laufbahn bestimmt. Im Handumdrehen hatte er das junge Mädchen erobert. Hingerissen und verwirrt nahm es seine Komplimente entgegen, ohne deren taktischen Hintergrund zu durchschauen. Im übrigen waren die Schewezows ein durchaus ehrenwertes Geschlecht. Bereits im 16. Jahrhundert war die Familie in den Adelsstand erhoben worden, und unter früheren Herrschern hatten sich mehrere Vorfahren Iwan Nikititschs als Offiziere oder Diplomaten hervorgetan. Nachdem mein Vater, wie üblich, die Zustimmung seiner militärischen Vorgesetzten eingeholt hatte, heiratete er 1754.

Unmittelbar danach nahm er seinen Abschied und ließ sich mit seiner jungen Gemahlin in Moskau nieder, wo sie im Stadtviertel Arbat ein prächtiges Haus besaß.
Dort wurde ich im Jahr darauf geboren, dort wuchs ich auf, umgeben von einer Schar Bediensteter, deren Namen und Gesichter ich nicht mehr auseinanderzuhalten vermag. Aus dieser verschwommenen Erinnerung indes lösen sich einige unvergeßliche Gestalten und treten klar vor meine Augen: allen voran Akulina, meine *njanja* (Kinderfrau), mit ihrem runden und fröhlichen Gesicht unter dem traditionellen *kokoschnik*, dem traditionellen russischen Frauenkopfputz, mit ihren Glasperlenketten und ihrer roten Schürze, die sich über ihrem dicken Bauch spannt. Eigensinnig und unbeirrt erzählte sie mir russische Legenden oder trichterte mir volkstümliche Redeweisen ein, obwohl sich meine Eltern für ihren Sohn eine entschieden europäische Erziehung wünschten. Unmittelbar nach ihrer Thronbesteigung hatte Zarin Elisabeth Petrowna am Hof die französische Etikette eingeführt. Mein Vater, der niemals gegen den Strom schwamm, hatte damals einen französischen Perückenmacher in seine Dienste genommen, der von sich behauptete, in der Literatur wie in der Kunst des Frisierens gleichermaßen kompetent zu sein. Hatte der Mann meinen Vater gepudert und frisiert, kam er jeweils zu mir ins Zimmer, um mich mit der Sprache des göttlichen Parny vertraut zu machen. Meine Eltern hätten lieber einen fachlich ausgewiesenen Erzieher eingestellt, doch war zu jener Zeit in Moskau keiner zu finden; so mußten denn hochgestellte Persönlichkeiten für die Erziehung ihrer Kinder mit jenen Handwerkern vorliebnehmen, die einen französischen Paß vorweisen konnten – und seien sie Zahnbrecher oder Hundeknechte. Unser Perückenmacher hieß Joseph Proutier; er behauptete, er habe seine

Heimat verlassen, um dem Zorn einer eifersüchtigen Frau zu entgehen. Klein und gewandt, geziert und schwatzhaft, bezauberte er mich mit seiner Beredtheit und seinem Mienenspiel. Von nun an war meine *njanja* Akulina nur noch dafür zuständig, mich sauberzumachen, anzukleiden und aufs Töpfchen zu setzen. Bereits mit sechs Jahren wurde ich ihrer Herrschaft definitiv entzogen und kam unter Joseph Proutiers Fuchtel.

Proutiers Zimmer grenzte an meines. In der Nacht ließ er die Verbindungstür angelehnt, falls ich in einem Alptraum nach ihm rufen sollte. Auf seinem Tisch reihten sich Parfümflakons, Pomadentöpfchen aus Porzellan, Puderdosen, Kämme, Bürsten und Frisiereisen aneinander. Begehrlich musterte ich diese Gegenstände. Zuweilen durfte ich sie berühren, aber bloß mit den Fingerspitzen, als handele es sich um Reliquien. Wie alt mochte Joseph Proutier sein? Dreißig, meine ich, vielleicht etwas älter ... Oft erzählte er mir von seinem früheren Leben als Perückenmacher in Paris. Alle vornehmen Damen und Herren Frankreichs seien seine Kunden gewesen, behauptete er. Auch sei er mehrmals nach Schloß Versailles gerufen worden, um die Pompadour zu frisieren. Selbst König Ludwig XV. habe in einer Ballnacht seine Fertigkeiten in Anspruch genommen und die um die Schläfen etwas lockere königliche Perücke richten lassen. Für Joseph Proutier, durch soviel Erfolg etwas überheblich und selbstgefällig geworden, war Rußland ein zwar rückständiges, aber gastfreundliches und großzügiges Land, dazu berufen, allmählich eine intellektuelle Kolonie Frankreichs zu werden. Da er kein Wort Russisch verstand, machte ich unter seiner Obhut rasche und bleibende Fortschritte in Französisch. Zu Hause sprach außer den Bediensteten jedermann Französisch. Und so schreibe ich denn am Ende meines Lebens diese Erinnerungen, deren einziges Verdienst die Aufrichtigkeit sein mag, ganz selbstverständlich in dieser Sprache.

Während ich sinnend vor dem leeren Blatt sitze, rieche ich den Duft der Haarpomade, der mich einhüllte, sobald Joseph Proutier tänzelnden Schrittes mein Kinderzimmer betrat. Beugte er sich über meine Schultern, um meine Orthographiefehler im Diktat zu korrigieren, dann vermeinte ich, vom Duft benebelt, in die verzauberte Welt des Orients einzutauchen. Steht er denn noch immer hinter mir, beaufsichtigt mich, während ich, die Feder im Leeren, die Bilder einer Vergangenheit einzufangen suche, die mich heimsucht und sich mir zugleich entzieht?

Ich war dreizehn, als er mich Jean-Baptiste Rousseau, Voltaire und Parny lesen ließ. Die Bücher holte er aus der ausschließlich mit französischen Werken bestückten Bibliothek meines Vaters. Mit ihren dreihundertfünfzig Bänden war es eine für damalige Zeiten recht umfangreiche Bibliothek ... Selbstverständlich habe ich nicht alle Bücher gelesen, doch viele sind durch meine Hände gegangen. Darunter auch einige eher anrüchige Büchlein, was meinen Mentor indes keineswegs störte. Wie mein Vater vertrat er den Standpunkt, in der Literatur entschuldige das Talent die Freizügigkeit. Tatsächlich verdanke ich mein geringes Wissen diesem Gaukler mit wachem Geist und wenig Rückgrat, der gewiß etwas anderes als eine Anstellung als Perückenmacher verdient hätte.

Auf seine Anregung hin beschloß mein Vater eines schönen Tages, alle seine russischen Bediensteten mit einem französischen Namen zu beglücken. Aus Wanka und Dunjascha wurden Valère und Dorine. Die Livreen allerdings wurden nicht ausgewechselt. Leise murrten sie, bevor sie sich mit

der skurrilen Namengebung abfanden. Akulina etwa brach in Tränen aus, als meine Mutter ihr erklärte, künftig heiße sie Louison; doch wie alle anderen gewöhnte auch sie sich schließlich daran.
Eines Morgens war plötzlich das ganze Haus in Aufruhr. Ich erfuhr, daß Joseph Proutier uns verlassen mußte. Meine Mutter hatte ihn vor die Tür gesetzt. Bestürzt fragte ich meine Eltern nach dem Grund der Entlassung. Sie weigerten sich, mir zu antworten. Joseph Proutier seinerseits seufzte bloß: »Ich werde zu Unrecht vom Rad des Schicksals zermalmt.« Es war dann Akulina – Verzeihung, »Louison« –, die mich aufklärte. Der Perückenmacher hatte die Weißnäherin, die rechtmäßige Ehefrau des Kochs, geschwängert. Dieses Ereignis lähmte mich. Eine Woche lang blieb ich ohne Lehrer – gewissermaßen aus Frankreich exiliert. Mit ihrem Rausschmiß hatten meine Eltern nicht Joseph Proutier, sondern mich bestraft. Doch unversehens war er wieder da. Meinem Vater war nämlich zugetragen worden, eine reiche Moskauer Familie, mit der wir nicht gut standen, wolle den Schuldigen engagieren. Daraufhin hatte ihn mein aufgebrachter Vater eilends wieder angestellt. Er erhöhte sogar seinen Lohn, damit er auch ganz gewiß in unseren Diensten blieb. Joseph Proutier war klug genug, sich mit seiner Rückkehr nicht zu brüsten. Seine Zurückhaltung im Triumph bestärkte meine Eltern in der Überzeugung, sie hätten recht getan, ihm seinen amourösen Fehltritt zu verzeihen. Ich meinerseits freute mich über die erneute Präsenz eines Gesprächspartners, dessen Abwesenheit mich einige Tage lang sozusagen zu einem Waisen des Denkens gemacht hatte. An seiner Seite war ich Candide, der die Welt entdeckte, doch anders als Voltaires Pangloss war Joseph Proutier kein Pedant. Sein Wissen war zusammenhanglos

und drollig, unvollständig und schillernd. Er amüsierte sich beim Lehren, ich vergnügte mich beim Lernen. Die Weißnäherin wurde selbstverständlich in ihr Dorf zurückgeschickt, wo sie ihr Kind zur Welt brachte. Ihr Name fiel nie mehr. An ihre Stelle trat eine andere, ebenso geschickte Bäuerin. Um unserem Don Juan neuerliche Versuchungen zu ersparen, achtete meine Mutter darauf, daß die Nachfolgerin häßlich war. Der gehörnte Ehemann allerdings blieb an unseren Herd gefesselt. In der Küche war man zu sehr auf ihn angewiesen, als daß man sich eingehender mit seinem ehelichen Ungemach hätte befassen wollen. Bei uns hat das gemeine Volk keinerlei Anrecht auf Gefühle. Außerdem tröstete sich der Mann, so vermute ich, schon bald mit einem Stubenmädchen.

Mehrere Monate lang führten wir weiterhin ein Leben in Wohlstand, Sorglosigkeit und Zerstreuung. Die Beziehung zu meinen Eltern blieb dürftig. Weiterhin eilten sie von Empfang zu Empfang, von Ball zu Ball, von Theateraufführung zu Theateraufführung und überließen es völlig Joseph Proutier, meinen Geist zu stärken und meinen Körper zu ertüchtigen. War meine nervöse und launische Mutter in die Lektüre irgendeines französischen Romans vertieft, hatte ich keinen Zutritt zu ihrem Zimmer. Zu Tisch erschien sie oft mit mürrischem Gesicht, weil mein Vater den Tag außer Haus verbrachte und sie ihn der Untreue verdächtigte. Für solche Vorwürfe unempfänglich, erweckte er den Anschein, er tue sich leicht mit den heiligen Banden der Ehe, und lachte über die Tränen seiner Gattin. Stritten sich die beiden bei Tisch – was ungefähr an einem von drei Abenden der Fall war –, dann beugten sich Joseph Proutier und ich tief über unsere Teller. Doch allein die Aussicht auf abendliche Vergnügungen reichte, um die Ehegatten völlig zu

verwandeln. Nachdem sie sich mit der Kammerzofe in ihre Gemächer zurückgezogen hatte, erschien meine Mutter zum Zeitpunkt des Aufbruchs ausgeruht und strahlend, ein Lächeln auf den Lippen. Auch mein Vater hatte sich umgekleidet und legte nun seiner besseren Hälfte gegenüber soviel Zuvorkommenheit an den Tag, daß jedermann die beiden auf den ersten Blick für ein Liebespaar gehalten hätte. So sehe ich sie vor mir: sie ostentativ strahlend in ihrer Brokatrobe mit Rankenmuster, er beschützend und sanft unter seiner von Joseph Proutier gelockten und gepuderten Perücke. Und dieses Traumpaar, meine Eltern, das mit der Kleidung auch die Seele ausgewechselt hatte, gab mir einen Gutenachtkuß, bevor es die Kutsche bestieg.
Bei Empfängen in unserem Haus spielte sich die gleiche Komödie ab. Manchmal beobachtete ich das Fest durch die bloß angelehnte Salontür, während mich alle im Bett wähnten. Vor seinen entzückten Gästen produzierte sich mein Vater. Gern rezitierte er in Gesellschaft selbstverfaßte französische Verse und warf, ebenfalls in Französisch, von langer Hand vorbereitete, billige Wortspiele in die Runde. Meine Mutter lachte, applaudierte mit den anderen, innerlich aber fand sie ihn grotesk. Kaum hatte der letzte Gast das Haus verlassen, zeigten beide wieder ihr wahres Gesicht. Haß, Verachtung und Langeweile brachen erneut auf. Auf leisen Sohlen zog ich mich mit dem Gefühl zurück, in unserer Familie sei alles nur Schein, Talmi und Verstellung. Die Hauptsorge meiner Eltern galt eindeutig nicht dem *Sein,* sondern dem *Schein.* Jedenfalls zog ich diesem Markt der Eitelkeiten die sarkastische Ungeniertheit eines Joseph Proutier vor. Obwohl seine niedrige Geburt in unseren Gesprächen zuweilen anklang, bezauberte er mich, während meine Eltern mir zunehmend Ekel und Abscheu einflöß-

ten. Ich hatte mir eingeredet, daß ich sie störte und daran hinderte, sich nach Belieben zu streiten, daß sie sich liebend gern meiner entledigt hätten, um sich hemmungslos ihrer Zwietracht hinzugeben.
Wie bereits erwähnt, lebten meine Eltern von den Einkünften ihres Gutsbesitzes, um dessen Verwaltung sie sich indes nicht kümmern mochten. Doch von Jahr zu Jahr schmolzen die Einnahmen. Die Ernten wurden immer schlechter; schuld daran waren entweder die Unwetter oder die faulen Bauern. Schon bald erhielten wir vom Land nur noch einige hundert Rubel, ein Dutzend Handkarren mit Geflügel in Aspik, Eier und Butter. Eine Vertretung der Muschiks kam nach Moskau, um sich über den Verwalter Karl Schütz zu beklagen, der, wie sie sagten, den *Barin*, den Gutsherrn, bestahl, die Felder auf eigene Rechnung bestellte und all jenen die Rute verpaßte, die ihm die Stirn zu bieten wagten. Mein Vater war dieser ländlichen Geschichten schon bald überdrüssig und jagte die unglücklichen Bauern weg, noch ehe er sich all ihre Klagen angehört hatte.
Inzwischen hatte er begonnen, bei Freunden in der Stadt mit hohem Einsatz zu spielen. Es gab Abende, da hörte ich hinter der Tür seines Arbeitszimmers laute Stimmen. Meine Mutter warf ihm vor, sie skrupellos zu ruinieren. Als sie ihn einmal besonders inständig bat, er solle sein kostspieliges Laster aufgeben, schlug er sie. Zwar habe ich die Szene nicht mit eigenen Augen verfolgt, aber die Schreie der geschlagenen Frau erschreckten mich. Ich flüchtete mich in mein Zimmer und weinte so bitterlich, daß Joseph Proutier mich nach dem Grund meines Kummers fragte. Ich erzählte ihm alles. Er war bereits im Bild. Seiner Meinung nach stürzte sich unsere Familie geradewegs ins Verderben.
Schon bald mußten zur Tilgung der drückendsten Schul-

den Ländereien und Leibeigene verkauft werden. Meine Eltern schränkten ihren Lebensstil ein. Im Haus beschäftigten wir nur noch acht Bedienstete. Joseph Proutier wurde entlassen. Ihm schuldeten wir sechs Monatslöhne, und er hatte eine andere Anstellung gefunden. Ich war fünfzehn Jahre alt. Am Tag seiner Abreise war er so gerührt, daß ich mir den Vorwurf nicht ersparen konnte, ich hätte ihn zu Unrecht manchmal als oberflächlich eingestuft. Er umarmte mich lange und küßte mich auf die Stirn. »Mein lieber Konstantin, Euer wahres Leben hat noch gar nicht begonnen«, sagte er mir zum Abschied.

Eine Woche später – bereits wußte ganz Moskau um unseren Ruin – verfiel mein Vater auf den Gedanken, für alle Freunde, die ihm auch im Unglück die Treue hielten, ein rauschendes Fest zu geben. Etliche sagten unter diesem oder jenem Vorwand ab, befürchteten sie doch, er wolle bei dieser Gelegenheit nochmals Geld borgen. Andere jedoch nahmen die Einladung an, vermutlich von boshafter Neugier getrieben. Kaum war die Sache beschlossen, machte sich im Haus fröhliche Hektik breit. Mein Vater drängte meine Mutter, sich bei einer vormals in Paris tätigen Schneiderin eine verschwenderisch mit Gold und Silber bestickte Robe anfertigen zu lassen. Er selbst ließ einen Schneider kommen, der ihm einen scharlachroten Rock mit Stahlknöpfen, eine Kniehose aus feinem schwarzem Tuch und eine Weste aus perlmutterfarbenem Seidenrips anfertigte. Das letzte Stück Land, die letzten Leibeigenen, der letzte Schmuck wurde verkauft, um den Koch, das Orchester, die Lampenanzünder und die eigens zu diesem Anlaß aufgebotenen Lakaien bezahlen zu können. Mir wurde erlaubt, ohne zu tanzen am Ball teilzunehmen. An einem schönen Septemberabend des Jahres 1770 schließlich erstrahlte der Salon im

Glanz der sechshundert auf Lüstern und Kerzenständern flakkernden Kerzen. In eine Ecke geschmiegt, bewunderte ich die sich wiegenden Paare, die sich von der Musik wie von einem Sturmwind davontragen ließen. Alle Frauen schienen mir hübsch. Noch nie hatte ich eine berührt. Doch Joseph Proutier hatte mir erzählt, wie die Sache vor sich ging. Meine Mutter, leichtfüßig und strahlend in ihrer neuen Robe, und mein Vater, verjüngt in seinem roten Rock, tanzten Auge in Auge. Beinahe glaubte ich, sie hätten sich endgültig ausgesöhnt und schon morgen beginne für uns drei eine Zeit des Glücks. Einige Gäste blieben bis vier Uhr morgens. Alle beglückwünschten meine Eltern zu dem außerordentlich gelungenen Fest. Einige meinten sogar, es sei ganz gewiß der schönste Ball der Saison gewesen.

Um vier Uhr fünfunddreißig schloß sich mein Vater in seinem Arbeitszimmer ein und schoß sich eine Kugel durch den Kopf.

II

Nach dem Begräbnis meines Vaters vollzog sich an meiner Mutter eine Verwandlung, die mich damals seltsam anmutete, von der ich aber heute, am Ende eines langen Lebens, weiß, daß sie bei Witwen nicht selten vorkommt. Meine Mutter hatte ihren Ehegatten zu dessen Lebzeiten gehaßt und verachtet, doch nun, da er sie nicht mehr enttäuschen konnte, besaß er plötzlich alle nur erdenklichen Qualitäten. Nie wurde sie müde, in meiner Gegenwart des Verblichenen zu gedenken, seine Herzlichkeit und seine Feinfühligkeit, seine Ironie und sein Wissen zu loben; schluchzend las sie mir Briefe vor, die er ihr zur Zeit ihrer Verlobung geschickt hatte, und ließ von einem Künstler, der zu niedrigen Preisen arbeitete, ein großes Porträt des Verstorbenen malen. Als Vorlage diente ein Medaillon, auf das sie in der hintersten Ecke einer Schublade gestoßen war. Das Porträt mit dem schiefen Gesicht, der knolligen Nase und den schielenden Augen wies keinerlei Ähnlichkeit mit dem Verstorbenen auf. Dennoch war meine Mutter sehr zufrieden, hatte doch ihrer Meinung nach der Maler zwar nicht das vorteilhafte Aussehen des Modells Pinselstrich für Pinselstrich nachgezeichnet, wohl aber dessen Seele eingefangen. Fasziniert verharrte sie stundenlang verzückt vor dem reglosen Phantom. Dazu betete sie mit leiser Stimme. Kamen ihre

Freundinnen zu Besuch, versammelte man sich unter den Blicken Iwan Nikititschs zum Tee. Alle diese Damen taten so, als glaubten sie an die Vorbildlichkeit der Ehe der Schewezows und seufzten im Chor mit der untröstlichen Witwe. Deren Gefühle schienen so echt, daß ich mich zuweilen fragte, ob meine Eltern nicht tatsächlich ein ideales Paar gewesen waren und ob nicht ich ein gotteslästerliches Spiel getrieben hatte, indem ich dort Eifersuchtsszenen, lautes Gezänk, ja sogar Schläge erfunden hatte, wo doch nur der friedliche Hafen ehelicher Eintracht gewesen war.

Einige Monate später – ihre Trauer war immer überschwenglicher geworden – entschied meine Mutter, die Gelegenheitsdichtung, die mein Vater so gerne in Gesellschaft vorgetragen hatte, stelle ein bewundernswertes Werk dar, das auf unsere Kosten zu veröffentlichen sei, um das Ansehen des Verfassers über die Jahrhunderte hinweg zu sichern. Ein äußerst kostspieliges Unterfangen, für das uns das nötige Geld fehlte. Unterstützung wäre bei Freunden zu finden gewesen, die das fromme Projekt mit einer angemessenen Summe subskribiert hätten – doch alle wichen geschickt aus. Etliche der von meiner Mutter um Hilfe angegangenen Damen stellten sogar ihre Besuche bei uns ein. So stand sie denn gedemütigt inmitten der allgemeinen Gleichgültigkeit da. Ich meinerseits mußte jenen recht geben, die meinten, die Verse meines Vater müßten der Nachwelt keinesfalls erhalten bleiben. Ich hielt seine französischen Verse für verabscheuungswürdig, wagte dies aber meiner Mutter nicht einzugestehen und beklagte in ihrer Gegenwart weiterhin die mangelnde literarische Urteilsfähigkeit unserer Zeitgenossen.

Um unsere materielle Situation war es Tag für Tag schlechter bestellt: die Gläubiger belagerten unser Haus, unsere besten Bekannten wandten sich von uns ab, als hätten wir die Pest. Ganz offensichtlich wollte Moskau nichts mehr von uns wissen. Einen Vetter meiner Mutter, Fjodor Markowitsch Posnjakow, rührte unsere Not, und er schlug uns vor, nach St. Petersburg umzuziehen, wo er an der Mojka eine kleine Wohnung besaß, deren Mieter gerade ausgezogen war. Die Wohnung war sofort frei, die Entscheidung bald gefällt. Meine Mutter verkaufte das Haus in Moskau, wir luden Möbel, Koffer, Kisten und Bündel auf Karren und brachen mit den wenigen verbliebenen Bediensteten nach St. Petersburg auf.

Als sich unser Zug in Bewegung setzte, warf ich einen letzten Blick auf die Mauern, hinter denen ich meine Kindheit verbracht hatte. Mir war, als würden mir lebendigen Leibes die Eingeweide herausgerissen, während ich erstaunlicherweise am Leben blieb. Hinter mir ließ ich nicht meinen Vater – er war mir völlig gleichgültig –, sondern die Vergangenheit eines braven und einsamen Knaben, unter dem belustigten Auge eines Joseph Proutier. Magie der Erinnerung: mit einem Schlag verwandelte sich die Familienhölle in das Paradies. Neben mir in der Kutsche saß meine Mutter, weinend, ein Taschentuch an die Lippen gepreßt. Auch ich weinte. Aber nicht aus den gleichen Gründen.

Es war im September 1772. Der Regen hatte in den Straßen tiefe Furchen hinterlassen. Zehnmal mußten wir absteigen, weil die Räder im Morast steckengeblieben waren. Bei der Ankunft in St. Petersburg nach beschwerlicher zwölftägiger Reise kam mir die Stadt unter ihrem bleiernen Himmel kalt, abweisend und dennoch schön vor. Die Menschen auf der Straße erweckten den Eindruck von höchster Bedeutsamkeit und Hektik. Auf die Moskauer Gemütlichkeit und Unordnung folgte hier die Strenge der architektoni-

schen Linienführung, der Nebel über den Kanälen und das unerklärliche Empfinden einer Überwachung, die alle, vom bescheidensten Arbeiter bis zum höchsten Beamten, erfaßte. Unsere Wohnung war hell, aber schäbig. Der frühere Mieter hatte sämtliche Möbel mitgenommen. Mit unseren eigenen versuchten wir, soweit möglich, wieder die behagliche Atmosphäre unseres Moskauer Hauses zu schaffen. Das Porträt meines Vaters fand, wie es sich gehörte, im Salon den ihm gebührenden Platz. Meine Mutter beanspruchte für sich das beste Zimmer mit Sicht auf den Kanal; ich richtete mich im Zimmer nebenan ein, dessen Fenster auf den Hof gingen, während unsere sechs Bediensteten, Männer wie Frauen, in das hinterste Zimmer abgeschoben wurden. Doch verlangte meine Mutter, daß ihre Strohsäcke mit sackleinenen, von der Decke bis zum Boden reichenden Vorhängen abgetrennt wurden. Nachdem wir in allen Zimmern die Hausikonen aufgestellt und die Lichter vor ihnen angezündet hatten, war mir, als hätten wir endlich ein Zuhause und vielleicht gar einen Lebenssinn gefunden.
Die erste Zeit in St. Petersburg überlebten wir dank dem Ertrag aus dem Verkauf des Moskauer Hauses. Doch schmolz dieser bescheidene Schatz zusehends. Es galt, an die Zukunft zu denken. Vetter Posnjakow versprach, mir trotz meines zarten Alters eine Anstellung zu verschaffen, worauf ihn meine Mutter einen geschwätzigen Angeber nannte. Nicht zu Unrecht. Nachdem er große Geschäftigkeit an den Tag gelegt hatte, tat er nichts mehr für uns und verschwand über Nacht von der Bildfläche.
Zu jenem Zeitpunkt erhielten wir dann zu unserer Überraschung unerwarteten Besuch: vor der Tür stand Joseph Proutier. Um unsere Adresse ausfindig zu machen, hatte er an einige unserer Moskauer Freunde geschrieben. Durch sie

hatte er auch vom tragischen Tod meines Vaters und von unserem Ruin erfahren. Seine Anteilnahme rührte mich zu Tränen. Ich warf mich ihm in die Arme mit dem Gefühl, er werde mir zu meinem Glück verhelfen. Auch er wohnte nun in St. Petersburg. Doch welche Verwandlung! Nach der neuesten Mode gekleidet, mit selbstsicherem Auftreten und starker Stimme glich er mehr einem Höfling als einem Perükkenmacher. Er hatte eine steile Karriere hinter sich, deren Höhepunkt seine derzeitige Tätigkeit als ständiger Friseur Alexander Wassiltschikows, des neuen Favoriten von Zarin Katharina, war. Mit Ehren und Geschenken überhäuft, nahm Alexander Wassiltschikow im Bett Ihrer Majestät seit kurzem den Platz des in Ungnade gefallenen Grigori Orlow ein. Die Zarin konnte ihm nichts abschlagen. Und Alexander Wassiltschikow seinerseits konnte Proutier nichts abschlagen, der sich nicht bloß um sein Haar und seinen Bart kümmerte, sondern dem er auch sein Herz ausschüttete und der ihm wertvolle Ratschläge für seine Liebesstrategie erteilte. Mit einem Wort, Joseph Proutier machte sich anheischig, seinen liebenswürdigen Beschützer zu meinem Fürsprecher bei der Zarin zu machen, die mich als Sekretär der Hofkanzlei in ihre Dienste nehmen sollte. Zwar war ich damals erst siebzehn Jahre alt, aber meine perfekten Französischkenntnisse würden, so sein Kalkül, die Aufmerksamkeit Ihrer Majestät erregen, die eine umfangreiche Korrespondenz mit den aufgeklärten Geistern Europas führte. Als ich Joseph Proutier bat, mich zuerst Alexander Wassiltschikow vorzustellen, antwortete er lachend:

»Das ist völlig unnötig. Wassiltschikow ist ein oberflächlicher, impulsiver und eitler Mensch. Blindlings befolgt er in allen Dingen meine Ratschläge. Ihr könnt ihm vertrauen, wie Ihr mir vertraut.«

»Wie alt ist er?« fragte ich.
»Achtundzwanzig.«
»Und die Zarin?«
»Dreiundvierzig.«
»Sieht er gut aus?«
»Ja, sehr gut.«
»Ist er intelligent?«
»Leider nein.«
Dieses Gespräch machte mich ratlos. Meiner Einschätzung nach war Wassiltschikow keine verläßliche Stütze. Als Fürsprecher bei Ihrer Majestät hätte ich mir einen einflußreichen und erfahrenen Mann gewünscht. Ich teilte Joseph Proutier meine Bedenken mit, worauf er mir augenzwinkernd antwortete:
»Vergeßt nicht, daß Ihre Majestät in erster Linie Frau ist. Im Augenblick ist es Wassiltschikow, der ihr den Kopf verdreht. Also machen wir uns das zunutze!«
Doch trotz Joseph Proutiers Optimismus blieben meine Mutter und ich skeptisch.
Tatsächlich hörten wir zwei Wochen lang nichts von ihm. Unvermittelt tauchte er dann gutgelaunt wieder auf. Ein am Kai wartendes Schlittengefährt sollte mich unverzüglich in den Winterpalast führen, wo mich die Zarin zu einer Privataudienz empfing. Ich fühlte, wie mein Herzschlag aussetzte. Meine Mutter segnete uns, und wir brachen auf.
Ich war so überwältigt, daß ich mich kaum an meine Ankunft an diesem Ort der Seligen aus Marmor, Stuck und Gold erinnere. Ich bewegte mich wie im Traum. Würde ich jäh erwachen, das Gesicht ins Kissen gedrückt und das Nachtgewand schweißgetränkt? Schon nach den ersten Schritten in dieser feierlichen Welt zog sich Joseph Proutier zurück, vertraute mich einem Lakaien an, der mich einem Offizier

in Paradeuniform übergab, den schon bald ein Kammerherr ablöste. Wir gingen Gemäldegalerien entlang, stiegen von Statuen flankierte Treppen hinauf, bogen in dunkle Gänge ein. Unversehens stand ich in einem Arbeitskabinett voller Bücher an den Wänden.

Hinter einem mit Intarsien und Bronzebeschlägen verzierten Schreibtisch thronte eine reife Frau mit schwerem Gesicht, rosa gepuderten Wangen und wohlwollendem Blick: die Zarin. Ich erkannte sie sogleich, obschon ich sie bisher nur im Profil auf Münzen gesehen hatte. Ich sank vor ihr in die Knie. Mit sanfter Stimme hieß sie mich aufstehen und stellte mir auf französisch Fragen über meine Familie und meine Ausbildung. Ich antwortete nach bestem Wissen und Gewissen, doch offensichtlich war sie bereits im Bild; ihr Favorit hatte die von Joseph Proutier erhaltenen Informationen weitergeleitet. Während ich sie heimlich musterte, jagten sich meine Gedanken: Unsere graziöse und würdige Herrscherin hatte den Thron erst besteigen können, nachdem sie ihren Gatten, Peter III., verjagt hatte (dieser hatte kurz darauf unter ungeklärten Umständen den Tod gefunden); sie haßte ihren Sohn, Großfürst Paul; sie regierte das Land mit eiserner Faust; alle Herrscher Europas bewunderten sie ihrer Intelligenz wegen; die Zahl der ihr zugeschriebenen Liebhaber war beträchtlich. Ja, mir gegenüber saß eine Legende, ein Ungeheuer an Macht, Klarsicht und falscher Liebenswürdigkeit. Perfekt, aber mit leicht deutschem Akzent sprach sie die Sprache Racines. War es ihr Ruf als männerverzehrende Monarchin, der mir meine Gelassenheit zurückgab? Mir schien, sie würde mich mit hungrigen Blikken mustern. Ich wölbte die Brust, reckte die Schultern, um mich von der besten Seite zu präsentieren. Verlorene Liebesmühe. Die Zarin war mit ihren Gedanken anderswo.

Anstatt mit dem liebenswürdigen Gespräch fortzufahren, befahl sie mir unvermittelt, einen von ihr diktierten Brief niederzuschreiben. Ich setzte mich an ein Tischchen neben ihrem Schreibtisch. Es ging darum, den Brief eines Bewunderers mit einigen Zeilen zu beantworten. Ich erriet, daß der Empfänger Voltaire, möglicherweise aber auch Friedrich Melchior Baron von Grimm, der berühmte Publizist und Diplomat, war. Während ich schrieb, bewunderte ich den zwanglosen Stil Ihrer Majestät. Kaum war ich fertig, setzte sie ihre Brille auf, prüfte das Schreiben und sagte:
»Du hast eine schöne Schrift und machst weniger Fehler im Französischen als ich. Verfasse nun, ebenfalls auf französisch, ein kurzes Kondolenzschreiben, worin ich einer meiner Hofdamen, die eben ihren Sohn verloren hat, mein Beileid ausdrücke. Die Formulierung überlasse ich dir.«
Ich rief mir die zahlreichen Kondolenzschreiben in Erinnerung, die meine Mutter nach dem Tod meines Vaters erhalten hatte, und ließ mich beim Verfassen des von mir verlangten kurzen Textes von ihnen inspirieren. Nach der Lektüre zeigte sich die Zarin befriedigt.
»Ich brauche eine zuverlässige Person für die tägliche Korrespondenz«, fügte sie bei. »Meine beiden Privatsekretäre sind der Aufgabe nicht mehr gewachsen. Geh nach Hause und warte auf meinen Bescheid.«
Ich stammelte einige Dankesworte und zog mich zurück, zwischen Furcht und Hoffnung hin und her gerissen. Wie viele junge Menschen war ich damals unersättlich und ängstlich, schüchtern und entschlossen zugleich. »Kann es sein«, überlegte ich zweifelnd, »daß die Zarin, der das gesamte russische Volk zur Verfügung steht, mich, Konstantin Schewezow, für diese begehrte Stelle auswählt?«
Bereits zwei Tage später beruhigte mich Joseph Proutier:

Wassiltschikow, den er am Morgen frisiert und rasiert hatte, hatte ihm bestätigt, die Sache sei auf gutem Weg. Gerade auch, weil die Zarin im Verlauf dieses denkwürdigen Jahres 1773 den Besuch des berühmten Diderot erwartete, dessen Bibliothek sie einst aufgekauft hatte, nicht ohne ihn mit der ihr eigenen Großzügigkeit zu bitten, die Bände bis zu seinem Tod zu behalten. Kein Zweifel, mit dem Aufenthalt des großen Denkers würde sich das intellektuelle Leben in St. Petersburg beleben, und die beiden Privatsekretäre Ihrer Majestät würden schon bald mit Arbeit überhäuft sein. Unter diesen Umständen erhöhten sich, so Joseph Proutiers Meinung, meine Chancen, zur Entlastung herbeigerufen zu werden.
Er sollte sich nicht täuschen. Eine Woche später wurde mir per Sonderkurier mitgeteilt, Ihre Majestät wünsche mich noch gleichentags um sechs Uhr abends zu sehen. Da ich noch nicht volljährig war, hatte ich in Begleitung meiner Mutter im Palast zu erscheinen, wollte die Zarin sie doch kennenlernen, bevor sie mir ihr Vertrauen schenkte.
Uns blieben nur wenige Stunden bis zur Audienz; doch in dieser kurzen Zeit entwickelte meine Mutter eine an Tollheit grenzende Hektik. Sie schoß von einem Zimmer ins andere, war untröstlich darüber, daß sie nichts Neues zum Anziehen hatte, wollte meine Meinung über die Wahl der Schuhe und des Schals wissen, beschimpfte unsere teuere Akulina-Louison, die entschieden unfähig sei, sie modisch zu frisieren, parfümierte sich übermäßig, um alsbald das Zuviel zu beklagen, begutachtete sich im Spiegel, wechselte die Kleidung, weinte, seufzte, betete, während ich besorgt nach den Zeigern der Wanduhr schielte.
Wie durch ein Wunder kamen wir nicht zu spät an. Die Zarin empfing uns, von zahlreichen Höflingen umgeben, in

einem an ihr Arbeitskabinett angrenzenden Salon. Meine Mutter versank in einen dermaßen tiefen Hofknicks, daß ich ihr beim Aufstehen behilflich sein mußte. Ihr Gestammel und ihre Affektiertheit bei der Beantwortung der Fragen Ihrer Majestät fand ich grotesk. Mir schien, alle Umstehenden machten sich insgeheim über uns lustig. Schließlich setzte die Kaiserin unserer Prüfung ein Ende, indem sie mit lauter, bis in den hintersten Winkel des Salons vernehmlicher Stimme sagte:

»Madame, Ihr Sohn gehört unzweifelhaft zu meinen brillantesten Untertanen. Es wird mir ein Vergnügen sein, ihn als Sekretär zu beschäftigen. Er wird seine Arbeit am nächsten Montag antreten.«

Vor Glück benommen, küßte ich die Hand, die sie mir elegant entgegenstreckte. Eine rundliche Hand, die nach Mandelmilch duftete.

»Der Herr möge Eure Kaiserliche Majestät und Eure Nachkommen segnen«, brach es aus meiner Mutter hervor.

Die Audienz war zu Ende. Ich hatte die Prüfung bestanden und atmete tief durch. Bereits hatte sich die Zarin von uns abgewandt, um mit einigen ihrer Vertrauten zu plaudern. Mit einem Male gewahrte ich zu meinem Entsetzen, wie meine Mutter sie wieder einholte, aus einer Art Samttasche ein Bündel zusammengehefteter Blätter zog und es ihr mit gebeugten Schultern und unterwürfiger Miene flüsternd hinstreckte. Ich konnte ihre Worte nicht verstehen, aber ich erkannte das Heft: die Gedichte meines Vaters! Wie konnte sie nur! Und noch dazu, ohne mich ins Vertrauen zu ziehen! Von ihrer Zwangsvorstellung getrieben, setzte sie meine Zukunft am Hof aufs Spiel. Nach einem Augenblick der Verblüffung setzte die Zarin ein herablassendes Lächeln auf, ließ sich in einen Sessel nieder und blätterte in den Heftseiten. Mit ausdruckslosem Gesicht überflog sie Vers für Vers. Erwartungsvoll stand meine Mutter vor ihr, mit gefalteten Händen und gesenktem Blick – wie in der Kirche während der Messe. Endlich schlug Katharina II. das Heft energisch zu. Ihre Züge verhärteten sich. Ihre Augen blitzten zornig:

»Die Zarin Rußlands kann die Veröffentlichung einiger Salonbelustigungen ohne jeglichen literarischen Wert nicht gutheißen«, sagte sie schneidend. »Nehmen Sie Ihre Habe wieder an sich und belästigen Sie mich nie mehr mit dieser Geschichte! Ich erinnere Sie daran, daß Ihr Sohn bereits am Montag seinen Dienst antreten muß. Und nun, Madame, halte ich Sie nicht mehr auf.«

Mit diesen Worten erhob sie sich und wandte meiner Mutter den Rücken zu. Mir stockte der Atem ob soviel Härte nach soviel Milde. Beschämt zogen wir uns zurück. Als ich rückwärts gehend den Raum verließ, näherte sich mir ein gutaussehender Mann in der Uniform der Gardekavaliere und flüsterte mir zu:

»Ich heiße Wassiltschikow. Keine Sorge. Sie wird rasch vergessen...« Dann gesellte er sich zur Gruppe, die seine majestätische Mätresse umringte.

Zu Hause hatte ich nicht den Mut, meiner Mutter wegen ihres ungehörigen Benehmens, mit dem sie sich und mich vollkommen lächerlich gemacht hatte, Vorhaltungen zu machen. Sie war genügend bestraft, so dachte ich, um ihr meine Vorwürfe ersparen zu können. Auch sie erwähnte den Zwischenfall mit keinem Wort. Doch von Stund an sprach sie von unserer Herrscherin nur noch als von der »gekrönten Metze«. In ihrer postumen Verehrung für meinen Vater brüskiert, hatte sie zum Clan der erbitterten Feinde der Zarin hinübergewechselt.

III

Meine beiden Kollegen empfingen mich mit wohlwollender Neugier. Beide waren gesetzten Alters und hatten schon soviel Zeit hinter Papierstößen verbracht, daß sie anscheinend den Bezug zur realen Welt verloren hatten. Der Dienstältere, Alexander Swinin, war ein beleibter Mann von fünfundfünfzig Jahren, gutmütig und schlaff, der beim Schreiben keuchte, als müsse er mit jedem Satz eine Treppenstufe erklimmen. Er sprach ebensogut Französisch wie ich, hatte die Zarin noch als Großfürstin gekannt und sie Schritt für Schritt auf ihrem Weg zum Ruhm begleitet. Nestor Maslow hingegen war ein kleiner steifer Herr, leicht angegraut und flink, der sich stets mit dem ganzen Körper drehte und wendete, da ihn ein Korsett in seinen Bewegungen einschränkte. Da er den Oberkörper nicht beugen konnte, war für ihn eigens ein seiner Größe angepaßtes Schreibpult angefertigt worden, an dem er stehend stundenlang ununterbrochen arbeitete, ohne je über müde Beine zu klagen. Er war mir sympathischer als Swinin, der glaubte, die Weisheit für sich gepachtet zu haben. Diskret, freundlich und dienstfertig, stellte er für mich das Ideal des russischen Beamten dar, allerdings gepaart mit einem Hauch französischer Lebensart.

Unser Büro lag im obersten Stock des Palastes, gleich unter

dem Dachgeschoß. Bei der ersten Sommerhitze verwandelte sich der große Raum mit tiefhängender Decke in einen Glutofen, im Winter hingegen schlotterten wir vor Kälte, hatten trotz des Kachelofens, in dem Unmengen von Holzscheiten verbrannt wurden, klamme Finger und eiskalte Füße. Doch bei jeder Temperatur erfüllten wir unsere täglichen Aufgaben prompt und zuverlässig. Fernab der großen politischen Probleme erledigten wir die Privatkorrespondenz Ihrer Majestät. Wenn ich daran denke, daß Katharina II. eine in ganz Europa gefeierte Briefschreiberin war, während sie doch für ihre Korrespondenz auf uns angewiesen war, dann bedrückt mich die Falschheit eines gewissen historischen Rufs. Wahr ist hingegen, daß sie uns selbst dann inspiriert hat, wenn sie nicht eigenhändig die Feder führte. Ihr Genie leitete unsere Hand aus der Entfernung. Bald verfaßten wir Entwürfe von Briefen, die sie sorgfältig kopierte, bald korrigierten wir Syntax und Stil ihres holprigen Französisch, bald erstellten wir Memoranden aufgrund einiger Notizen, die uns ein Diener überbrachte. Nur selten rief sie uns für zusätzliche Informationen zu sich. Ihre Anweisungen erteilte sie uns auf vollgekritzelten Zetteln, die wir nach der Lektüre befehlsgemäß vernichteten. Wurde ausnahmsweise einer von uns zu ihr gerufen, dann kehrte er zitternd und geblendet zurück, als hätte er zu lange in die Sonne geblickt. In mir steigt die Erinnerung auf an einen Morgen, da sie mich in ihr Arbeitskabinett rief und mir ein dringendes, an d'Alembert gerichtetes Schreiben unterbreitete. Bei ihrem Anblick war ich dermaßen bewegt, daß ich es nicht wagte, sie auf ein Dutzend ziemlich grober Orthographiefehler hinzuweisen, sondern alles mit zuckersüßer Stimme guthieß.

Damals wünschte ich, die Zarin schenkte mir mehr Auf-

merksamkeit. Weshalb war nicht ich an der Stelle dieses Dummkopfs Wassiltschikow? Würde sie nur geruhen, mich als Liebhaber auszuprobieren, und schon wäre unser Glück, meiner Mutter und mein Glück, gemacht! Zwar war ich in Liebesdingen noch unerfahren. Doch meiner Meinung nach konnte dieser Umstand Ihre Majestät, eine Frau von Geschmack und Erfahrung, nur rühren. Noch dazu, weil ich, ohne Prahlerei, von eher einnehmendem Äußeren war: ich war groß und dunkelhaarig, hatte eine hohe Stirn und blaue Augen. Und was die Geistesschärfe betrifft, so war davon bei mir unzweifelhaft mehr vorhanden als beim offiziellen Favoriten. Selbstverständlich erwähnte ich diese Hoffnungen mit keinem Wort gegenüber Joseph Proutier, den ich noch immer von Zeit zu Zeit traf, wenn meine Tätigkeit am Hof es mir erlaubte. Als Vertrauensmann Wassiltschikows hätte er auf mein Ansinnen, dem unwürdigen Empfänger der Gunst unserer Herrscherin die Rolle abspenstig zu machen, bestimmt ungehalten reagiert.
Die Zarin behielt mich an jenem Morgen nur einige Minuten bei sich. Zu meinen Kollegen zurückgekehrt, beschränkte ich mich auf die Bemerkung, Ihre Majestät habe mich äußerst liebenswürdig behandelt. Weshalb sollte ich ihnen meine geheimen Absichten enthüllen? Aller Evidenz zum Trotz versteifte ich mich hartnäckig darauf, daß eines Tages vielleicht... Um mich zu bezaubern, mußte die Zarin nicht schön sein. In meinen Augen ersetzte ihre vollkommene Machtfülle Jugend und Charme. Ich konnte mir nichts Aufregenderes vorstellen, als eine Frau in den Armen zu halten und mit Küssen zu bedecken, deren Stirnrunzeln genügte, mich ins Straflager zu schicken.
Was mich zu diesen Träumen verleitete? Gerüchtefetzen, die von Salons und Vorzimmern bis in die dunkle Welt von

uns Schreibern drangen. Diener, Kammerherren, Aufseher, selbst Gardeoffiziere überbrachten uns umgehend den neuesten Hofklatsch. Anhand dieses Geredes verfolgten wir das Auf und Ab der kaiserlichen Liaison. Offensichtlich verlor Wassiltschikow Terrain. Für eine Frau vom Schlag einer Katharina II. konnte seine Manneskraft den Mangel an Intelligenz und Bildung nicht länger kompensieren. Laut den Kammerzofen Ihrer Majestät empfing sie ihn immer seltener in ihrem Bett. Je mehr Wassiltschikows Kredit abnahm, desto mehr verdüsterte sich Joseph Proutiers Gesicht, und mit einer mir noch heute unerklärlichen Grausamkeit verfolgte ich den Abstieg eines Mannes, der mir zum Aufstieg verholfen hatte. Undankbarkeit der Jugend, die alles nach dem eigenen Standpunkt beurteilt! Wassiltschikow machte aber auch deshalb schlechte Zeiten durch, weil der Zarin, von zahlreichen Krisen bedrängt, wohl kaum der Kopf nach Schäferstündchen stand. Der Krieg gegen das Osmanische Reich hielt an: ganz dringend mußten die Steuern erhöht und neue Rekruten ausgehoben werden, worüber das Volk murrte. Doch damit nicht genug. Am Ufer des Jaik (heute Ural) sammelten sich aufständische Kosaken um einen gefährlichen Abenteurer namens Pugatschow. Dieser behauptete, er sei Zar Peter III. und durch ein glückliches Geschick den von seiner Gemahlin, der Usurpatorin Katharina II., gedungenen Mördern entkommen. Der Aufstand drohte auf die Nachbarregionen überzugreifen, denn Pugatschow versprach für den Fall des Siegs die Abschaffung der Leibeigenschaft.

Die beiden Konflikte verfolgten die Zarin Tag und Nacht. Und während sie sich um deren Beilegung bemühte, hatte sie sich gleichzeitig um die Vermählung ihres Sohnes, des Großfürsten Paul, mit Prinzessin Wilhelmine von Hessen-

Darmstadt zu kümmern. In Zarskoje Selo, wo der Hofstaat den Sommer verbrachte, lösten Bankette, Bälle und Landpartien zu Ehren des Brautpaars einander ab. Zugegen war auch Baron von Grimm. Die Zarin schätzte an ihm seine Bescheidenheit und seinen typisch deutschen gesunden Menschenverstand. Die Privatsekretäre, zu denen auch ich gehörte, waren Ihrer Majestät auf ihre ländliche Residenz gefolgt, zu den offiziellen Festanlässen jedoch nicht zugelassen. Als besondere Aufmerksamkeit erhielten wir dann und wann ein Gericht von der kaiserlichen Tafel, der die Zarin mit unwandelbarem Gleichmut vorstand. Aufgrund ihrer Machtposition hatte Katharina II. dem Vater der Verlobten das Versprechen abringen können, Wilhelmine werde dem Protestantismus abschwören und unter dem Namen Natalja Alexejewna zum orthodoxen Glauben übertreten.

Gegen Mitte September 1773 kehrte die geschäftige Gesellschaft nach St. Petersburg zurück. Zu den Vermählungsfeierlichkeiten am Ende desselben Monats läuteten die Glokken der Hauptstadt so lange und so laut, daß meine Kollegen und ich uns Watte in die Ohren stopfen mußten, um weiterarbeiten zu können. Eine Woche später ertönten erneut fröhliche Glockenklänge und ohrenbetäubende Artilleriesalven, um unsere Siege über die Türken zu feiern.

Inmitten der lärmigen Festivitäten traf zu Beginn des Monats Oktober 1773 der zappelige und stets fröstelnde Denis Diderot ein. Erst später habe ich erfahren, daß er gehofft hatte, von seinem Landsmann Etienne Falconet aufgenommen zu werden, der sich sieben Jahre zuvor als Bildhauer in St. Petersburg niedergelassen hatte und an einem Denkmal für Peter den Großen arbeitete. Nachdem der Künstler ihn hatte kühl abblitzen lassen, mußte er schließlich die Gastfreundschaft eines Höflings der Zarin annehmen, jene des

Stallmeisters Narischkin, in dessen Begleitung er bereits von Den Haag nach St. Petersburg gereist war.
Obwohl von Hoffesten und Staatsangelegenheiten stark in Anspruch genommen, empfing die Zarin ihren berühmten Gast täglich in ihrem Arbeitskabinett und unterhielt sich länger als eine Stunde mit ihm. Viermal hatte ich das Glück, während dieser Gespräche gerufen zu werden, entweder um ein Buch zu bringen oder um rasch einen geistreichen Einfall Diderots zu notieren. Der sechzigjährige Philosoph mit runzeligem Gesicht, funkelnden Augen und näselnder Stimme trug eigensinnig schwarze Kleidung, obwohl nach dem Willen Katharinas II. der ganze Hof hell gekleidet war. Doch nahm sie ihm diesen Verstoß gegen die Etikette nicht übel. Das Gestikulieren und Gezeter ihres Gesprächspartners schien sie vielmehr zu amüsieren. Einmal war ich dabei, als er sich im Verlauf einer hitzigen Diskussion die Perücke vom Haupt riß und sie auf den Boden schleuderte. Ich hob sie auf und hielt sie ihm hin. Er blickte mich mit kindlichem Erstaunen an, verzog sein Gesicht zu einem Lächeln und murmelte:
»Vielen Dank. Ihr seid ein charmanter junger Herr. Und Ihr sprecht unsere Sprache recht wohl. Besucht mich doch einmal am Morgen bei Herrn Narischkin.«
Nach diesen Worten stopfte er seine Perücke in eine Tasche und setzte seine heftige Rede über Kindererziehung fort, während die Zarin in Lachen ausbrach.
Ich vergaß Diderots Einladung nicht und besuchte ihn eines Sonntags kurz vor Mittag. Er empfing mich, in einen weiten rotbraunen Morgenrock gehüllt; sein offenes Hemd ließ den mageren Hals frei, und einige schüttere Haarsträhnen standen ihm zerzaust zu Berg. Kaum hatte er mir einen Sessel angeboten, fragte er mich ohne Umschweife, was ich

von der Zarin hielte. Durfte ich ihm eingestehen, daß sie in den meisten Fällen nicht die Verfasserin ihrer Briefe war und daß sie meiner Meinung nach bei der Wahl ihrer Favoriten keine glückliche Hand zeigte? Ich unterdrückte diese dem internationalen Ruf Ihrer Majestät möglicherweise abträglichen Vorbehalte und stimmte in überschwengliche Lobeshymnen ein. Mitten in meinen Ergüssen unterbrach er mich ungeduldig:

»Das ist alles gut und recht, aber eine wahrhaft große Herrscherin wird sie erst, wenn sie die Leibeigenschaft abschafft. Das habe ich ihr übrigens in unserem letzten Gespräch ganz deutlich gesagt, denn ich lege ihr gegenüber meine Worte nicht auf die Goldwaage.«

»Und was hat sie darauf geantwortet?«

»Es sei einfacher, darüber zu reden, als es zu tun, zudem sei Rußland ein traditionsverbundenes Land, die russischen Leibeigenen hätten mit den schwarzen Sklaven nichts gemein, und schließlich sei der Adel die sicherste Stütze des Thrones...«

»Trifft das nicht zu?«

»Als Philosoph kann ich die Ungleichheit sozialer Verhältnisse nicht gutheißen; als Mensch aber anerkenne ich die Schwierigkeit der Aufgabe, zu der ich Eure Herrscherin aufgerufen habe.«

»Die Schwierigkeit oder die Unmöglichkeit?«

»Ihr müßte ein großer liberaler Geist zur Seite stehen, der sich mit den für Rußland notwendigen Reformen befaßt.«

»Und Sie könnten dieser große Geist sein?«

»O nein«, wehrte er belustigt ab. »Ich bin zu alt. Zudem muß ich nach Frankreich zurück, wo mich meine Frau, meine Tochter und meine Freunde erwarten. Indes gedenke ich, eine Reihe von Ratschlägen an die Adresse Ihrer Majestät niederzuschreiben – auch als Dank für ihren liebenswürdigen Empfang.«

Noch lange erging er sich über sein Projekt einer »neuen Enzyklopädie«, der er fortan seine ganze Schaffenskraft widmen wollte, über die unglückliche Lage der Juden in Rußland, über den verderblichen Einfluß der Höflinge, deren Schmeicheleien der Zarin den Kopf verdrehen mußten ... Mir war, als hätte ich einen mit einem Hammer bewehrten Bilderstürmer vor mir. Unter seinen Schlägen zerbarst die edelste Statue unseres nationalen Pantheons in tausend Stükke. Welch verzehrendes Feuer! War ein Übermaß an Intelligenz nicht gefährlicher als Wahnsinn? Die Augen meines Gegenübers blitzten, in Diderots Mundwinkeln platzten Speichelbläschen, während er wild schwadronierte. So mußte das Gesicht des Teufels aussehen, wenn er einen Unschuldigen überzeugen wollte. Doch dann beruhigte sich Diderot und murmelte:

»Alles, was ich Euch sage, hindert mich nicht, Eure Herrscherin zutiefst zu bewundern. Ich halte sie für gut, gebildet und um das Ansehen Rußlands in der Welt bemüht.«

»Sollte man sie dann nicht nach ihrem Gutdünken regieren lassen?« wagte ich einzuwerfen.

Er warf mir einen vernichtenden Blick zu, öffnete seine Schnupftabakdose, nahm zwei Prisen, nieste und meinte abschließend:

»Diese Art Diskussion führt zu gar nichts.«

Ich begriff, daß ich entlassen war, und zog mich zurück, nicht ohne mich für seine weisen Ratschläge zu bedanken. Eine weitere Einladung erfolgte nicht. Vermutlich hatte ihn meine mangelnde Begeisterung für seine Theorien enttäuscht. Von diesem Tag an begnügte er sich bei einer Begegnung im Palast, mir von weitem zuzulächeln. Etwa um die gleiche Zeit erfuhr ich, daß die Zarin, seiner belehrenden Reden überdrüssig, ihn nur noch selten empfing. Anscheinend tröstete er sich darüber hinweg, indem er mit den Kammerzofen Ihrer Majestät schäkerte. War es möglich, daß ein Philosoph, der sich intensiv mit den Belangen der leidenden Menschheit auseinandersetzte, zugleich ein Libertin war?

Dieser Gedanke ließ mich lange ratlos. Doch dann beschloß ich, dem Beispiel des großen Philosophen zu folgen. Aus dem Schwarm der charmanten Kammerzofen im Dienste Ihrer Majestät faßte ich eine gewisse Anna Babkow ins Auge, die als nicht ganz unzugänglich galt; ich nahm sie beiseite und gestand ihr meine Leidenschaft. Sie glaubte mir kein Wort; doch da auch sie sich vergnügen wollte, führte sie mich eines Abends in ihre Kammer. Sie wohnte in den Gesinderäumen des Palastes, zusammen mit anderen Dienstleuten, die das kaiserliche Vertrauen besaßen. Über ihrem Bett hing ein Glöckchen, das mit einer Schnur mit den Privatgemächern Ihrer Majestät verbunden war. Anna konnte also zu jeder Zeit gerufen werden. Glücklicherweise störte in jener Nacht kein unangebrachtes Klingeln unsere Liebesfreuden. In seliger Unbeschwertheit fand meine Unberührtheit ein Ende, wofür ich meiner Lehrmeisterin mit so viel Ausdauer im Liebesspiel dankte, daß sie mich dazu beglückwünschte. Sie war klein, kastanienbraun, lebhaft, erfahren, und sie verstand es, mit ihren Liebkosungen mein jugendliches Ungestüm zu dämpfen. Nach jener Nacht trafen wir uns häufig, und meine Geschicklichkeit im Liebesspiel vervollkommnete sich. Dann nahm sie sich einen anderen Liebhaber, einen Offizier der berittenen Garde, was mich aber kaum störte. Schnell verschwand Anna Babkows Gesicht aus meinem Gedächtnis. Erstaunt stelle ich heute fest, daß ich ihren Namen nicht vergessen habe.

Zum Zeitpunkt unserer gütlichen Trennung trieb mich nämlich etwas ganz anderes um. Zu Beginn des Jahres 1774 war Wassiltschikow endgültig entlassen worden, nicht ohne von der Kaiserin für zweiundzwanzig Monate loyalen Dienstes mit hunderttausend Rubel, siebentausend Bauern, einigen Handvoll Diamanten, einer ansehnlichen Leibrente und einem Palais in Moskau entschädigt worden zu sein. Mit einem Schlag war der Platz des Favoriten unbesetzt. Würde endlich meine Stunde schlagen? – Zu spät! Bereits fand sich Generalleutnant Potemkin, groß, einäugig, brutal und faszinierend, am Hof ein, von der Front in Silistra an der Donau herbeigerufen von einer unersättlichen Katharina II. Ihre Majestät, fasziniert von so viel robuster Männlichkeit, installierte ihn in den Appartements, die Wassiltschikow kurz zuvor mit hängendem Kopf und vollen Taschen verlassen hatte. Zuerst glaubte ich, seine Ungnade würde meiner Karriere schaden, hatte doch er mich der Zarin empfohlen. Indes bewahrheiteten sich meine Befürchtungen nicht. Ich behielt meine Stellung und meine Vorrechte; mein Gehalt wurde sogar erhöht. Doch zu meinem großen Bedauern mußte Joseph Proutier seinem in Ungnade gefallenen Beschützer nach Moskau folgen, um ihn auch dort zu frisieren und zu barbieren. Unser Abschied war von spartanisch-männlicher Würde und Zurückhaltung geprägt. Ein weiterer melancholischer Abschied stand bevor: im März 1774 reiste Diderot ab. Seine geschwätzige Gegenwart in ihrem Gefolge hatte Katharina II. zunehmend irritiert. Kurz darauf verließ uns auch Grimm. Die Zarin hätte ihn gerne in St. Petersburg in ihre Dienste genommen, doch er zog die Rückkehr nach Paris vor, um, wie er sagte, dort jene künstlerischen und literarischen Aufgaben wahrzunehmen, mit denen sie ihn zu betrauen beliebe.

Im April desselben Jahres erfuhren wir voller Schrecken, daß der Bandit Pugatschow, an der Spitze eines Haufen Gesindels, die Wolga-Region mit Blut und Feuer überzog und Orenburg am Jaik belagerte. Und als wäre eine Bedrohung nicht genug, nahm auch der Türkenfeldzug mit unterschiedlichem Kriegsglück seinen Fortgang; die Agenten des Großwesirs wiegelten die muslimischen Stämme am Jaik und am Ufer des Kaspischen Meers auf, um sie zum Anschluß an die Aufständischen um den falschen Peter III. zu bewegen. Ganz Rußland war in fiebriger Erregung. Allein die Zarin bewahrte unerschütterlich den Glauben in die Schlagkraft ihrer Armee und die Rechtmäßigkeit ihrer Macht.
Im Mai 1774 beauftragte sie mich, ein offizielles Gratulationsschreiben zur Thronbesteigung Ludwigs XVI. in Frankreich zu verfassen. Dieser Vertrauensbeweis schmeichelte mir. Seit geraumer Zeit redete mich die Zarin, mit der gleichen Natürlichkeit, mit der sie mich anfänglich geduzt hatte, mit »Ihr« an – was am Hof als offenkundiges Zeichen des Aufstiegs galt. Vielleicht, so überlegte ich mir, war es besser, sich als zuverlässiger Mitarbeiter Ihrer Majestät zu profilieren denn als kurzfristiger, ihren Launen ausgelieferter Favorit. Meine Mutter, der ich mich in diesem Sinne eröffnete, pflichtete mir bei. Dann machte sie eine kluge Bemerkung, die mich seither ein Leben lang begleitet hat: »Glaub mir, Konstantin, eine Frau – und sei sie Zarin – bleibt einem Mann, den sie schätzt, eher treu als einem Mann, den sie liebt.« Schon vor geraumer Zeit hatte sie aufgehört, die Zarin als »gekrönte Metze« zu beschimpfen. Aus Liebe zu ihrem Sohn hatte sie das dichterische Werk ihres Gatten vergessen. Inzwischen, von lobenswertem mütterlichem Ehrgeiz fehlgeleitet, sah sie mich bereits als Gesandten oder Provinzgouverneur ...

Nach dunklen Wochen keimte im Land unübersehbar Hoffnung auf. Schon bald zwangen die Siege Suworows und Rumjanzews die Türken zur Unterzeichnung eines Friedens mit Rußland. Die Zarin trotzte ihnen beträchtliche territoriale Zugeständnisse ab. Unsere Flotte bekam freien Zugang zum Schwarzen Meer, zum Asowschen Meer und zur Ägäis. Nun hatte die Zarin den Traum Peters des Großen verwirklicht und konnte ihrer Armee den Befehl geben, sich nach Norden zu wenden, um Pugatschows Banden zu vernichten. Bereits am Ende des Monats August 1774 waren die Elenden aufgerieben und zerstreut. Ihr gefangengenommener Anführer wurde am 10. Januar 1775 vor einer großen Volksmenge in Moskau enthauptet. 1775 war auch das Jahr der von Ihrer Majestät gewünschten umfassenden Verwaltungsreform, die sich an Montesquieus *De l'esprit des lois* (»Vom Geist der Gesetze«) orientierte und von einer gesetzgebenden Kommission von langer Hand vorbereitet worden war. Endlich erhielt das Russische Imperium, bisher ein chaotisches Gebilde von zusammengewürfelten Provinzen, eine einem europäischen Land würdige Struktur. Alle aufgeklärten Denker begrüßten die Initiative unserer Herrscherin. Doch bereits drohte neues Ungemach.
Kurz nach dem Sieg über Pugatschow brachte eine ganz andere Affäre den Thron in Gefahr. Seit zwei Jahren behauptete nämlich eine Abenteuerin, die sich Prinzessin Tarakanowa nannte, sie sei die Tochter Elisabeths I., und erhob als solche Anspruch auf die Krone Rußlands. Obwohl die Irre in Italien lebte, organisierte Katharina ihre Entführung und ließ sie als Gefangene nach St. Petersburg bringen. In ein Verlies der Peter-Paul-Festung geworfen, starb die Tarakanowa dort an Hunger und Kälte, falls sie nicht, wie einige munkelten, während des Hochwassers der Newa

den Tod durch Ertrinken gefunden hatte. Ich war an der Seite Ihrer Majestät, als ein aus der Festung herbeigeeilter Bote die Nachricht vom Ende derjenigen überbrachte, die es gewagt hatte, ihr als Rivalin entgegenzutreten. Ihr Gesicht blieb regungslos. War sie durch und durch unmenschlich? Nein. Doch wenn die Staatsräson auf dem Spiel stand, wurde ihr Herz zu Stein; war sie dann über die Leiche ihres Feindes hinweggeschritten, richtete sie ihre Röcke und fand zu ganz weiblicher Toleranz und Huld zurück. Gewissensbisse kannte sie nicht. Selbst in den schlimmsten Zeiten ihrer Herrschaft wiederholte sie: »Man muß fröhlich sein.« So lautete ihr Gesundheitsrezept.

Von echter Trauer ergriffen wurde sie indes einige Monate später, als ihre junge Schwiegertochter Natalja Alexejewna im Kindbett starb. Großfürst Paul seinerseits war untröstlich; in seiner Verzweiflung zerstörte er schluchzend und tobend das gesamte Mobiliar seiner Privatgemächer. Zwar wußte jedermann am Hof, daß seine Gattin ihn regelmäßig mit seinem besten Freund, Andrej Rasumowski, betrogen hatte. Vermutlich war das totgeborene Kind die Frucht dieser verbotenen Liebe. Deshalb war Katharina II. denn auch jedes Mittel recht, um den Großfürst dem Wahn zu entreißen, in dem er sich gefiel. Sie brach das Schloß von Nataljas zierlichem Schreibtisch auf, wo gut versteckt Rasumowskis Liebesbriefe lagen, und hielt ihrem Sohn brutal die Briefe des Ungetreuen unter die Nase. Völlig gebrochen, fügte sich der Unglückliche von Stund an widerstandslos dem Willen seiner Mutter. Dies nutzte sie, um ihm unverzüglich eine neue Verlobte zu finden: Sophie Dorothee von Württemberg. Noch waren keine sechs Monate seit dem Tod der jungen Großfürstin verstrichen, und schon vermählte sich der Witwer in traditionellem Pomp und Jubel erneut mit einer Deutschen, die nach ihrem Übertritt zum orthodoxen Glauben bereits nicht mehr Sophie Dorothee, sondern Marija Fjodorowna hieß. Im Jahr darauf brachte sie pünktlich ihr erstes Kind zur Welt: den Knaben Alexander. Am Tag dieser Geburt warf sich die Zarin, ihre protestantische Vergangenheit vergessend, überglücklich auf die Knie und betete vor den Ikonen, wie es die geringste ihrer Untertaninnen getan hätte. Sie, die ihren Sohn kaum geliebt hatte, geriet angesichts ihres Enkels in Verzückung, so als wäre er ihrem eigenen Schoß entsprungen. Ungeachtet der Proteste der Eltern, hatte sie ihn wie eine Diebin in ihre Privatgemächer gebracht und dekretiert, sie erziehe ihn allein und auf ihre Weise. Dem Großfürsten und der Großfürstin hatte sie nur gerade ein Besuchsrecht zu von ihr persönlich festgelegten Tagen und Zeiten zugestanden. Und selbst wenn sich die Eltern über die Wiege beugten, wich sie nicht von ihrer Seite. Häufig ließ sie den Säugling in ihr Arbeitskabinett bringen, um ihn während der Arbeit in ihrer Nähe zu haben. Ich habe sie sogar dabei ertappt, wie sie über dem Kleinen in seinen Windeln eine Klapper schwenkte und dabei liebevoll brabbelte. Sie war Mutter. Zum ersten Mal in ihrem Leben.

Auf ihr Geheiß mußte ich ihre wichtigen Briefpartner bis in alle Einzelheiten über den wunderbaren Säugling informieren. Eine Aufgabe, die mich lächerlich dünkte, die ich aber nach bestem Wissen und Gewissen erfüllte. Da ich inzwischen gelernt hatte, die Schrift Ihrer Majestät nachzuahmen, begnügte sie sich damit, die von mir vorbereiteten Briefe zu unterzeichnen. Später verlieh sie mir das Sonderrecht, Schriftstücke von geringerer Bedeutung zu paraphieren. Von nun an war ich ihr vertrautester Sekretär. Die beiden anderen ließen mir neidlos den Vorrang. Sie hatten ihre

Zeit gehabt und warteten nun ruhig auf ihre Entlassung aus dem Dienst. Meine eigene Laufbahn innerhalb der Verwaltung war präzise vorgezeichnet, und ich brauchte nicht mehr von einer Karriere im Bett der Kaiserin zu träumen. Im übrigen wurde der Posten des Favoriten zunehmend unsicher. Nachdem sie für den stürmischen Potemkin geglüht, ihn in hohe Ämter berufen, mit Juwelen, Gold, Renten, Ländereien, leibeigenen Bauern und Ehrentiteln überschüttet und ihn so zum einflußreichsten Mann in ganz Rußland gemacht hatte, hatte die Zarin in der Person des jungen Ukrainers Peter Sawadowski einen Ersatz gefunden. Sawadowski war in Wahrheit ein Schützling Potemkins, hatte dieser doch den eigenen Nachfolger selbst ausgewählt, nachdem er in den Liebesbeziehungen zur Zarin gewisse Anzeichen von Ermattung hatte feststellen müssen. Sawadowski wiederum hatte schon bald dem schönen Soritsch Platz gemacht, den die Hofdamen als Adonis bezeichneten; ihn hatte ein gewisser Rimski-Korsakow abgelöst – ein ebenso armseliger Partner wie seine beiden Vorgänger. Über diesen Marionetten war es noch immer Potemkin, der die Fäden zog. Obwohl Ihre Majestät nur noch freundschaftlich mit ihm verkehrte, bewunderte sie ihn, hörte auf ihn und amüsierte sich über sein Ränkespiel.
Ich meinerseits bedauerte beim Anblick des tristen Schauspiels, daß die große Herrscherin dem gleichen körperlichen Verlangen ausgeliefert war wie ihre Geschlechtsgenossinnen. Schon bald würde sie neunundvierzig sein, und ihr Begehren nach jungen Männern nahm mit dem Alter zu. Ich war erst dreiundzwanzig, und meine Sinne quälten mich nur von Zeit zu Zeit, gerade genug, um dem Leben einen gewissen Reiz zu verleihen. Trotz der Ratschläge meiner Mutter, die von Enkeln träumte, wollte ich die Möglichkeit ei-

ner Heirat nicht einmal ins Auge fassen und begnügte mich mit flüchtig-genußvollen Liebschaften mit den Kammerzofen Ihrer Majestät. Inzwischen war der kaiserliche Wohnsitz mein eigentliches Zuhause. Ich kannte ihn bis in den hintersten Winkel und wagte mich sogar bis in die kürzlich erbaute, durch eine Galerie mit dem Winterpalast verbundene Eremitage vor. Hier kannte mich jedermann und behandelte mich mit Höflichkeit, denn es ging das Gerücht, Ihre Majestät höre auf mich. Kehrte ich zu meiner Mutter in unsere kleine Wohnung an der Mojka zurück, dann war mir, als gelangte ich nach einem Aufenthalt im Olymp auf die Erde zurück.

Eines Nachts schreckte mich ein Klopfen an unsere Tür aus dem Schlaf. Die Zarin hatte einen Boten nach mir geschickt. Ich kleidete mich hastig an und begab mich in den Palast. Dort erwartete mich Ihre Majestät bereits in ihrem Arbeitskabinett, in einen weißen seidenen Morgenrock mit breiten Falten gehüllt, auf dem Haar ein Spitzenhäubchen. Sie war ernst und gefaßt. Soeben hatte ihr ein Kurier aus Frankreich die Nachricht überbracht, daß Voltaire am 30. Mai 1778 in Paris verstorben war.

»Ein unersetzlicher Verlust«, sagte sie zu mir. »Ich bedauere es, ihm nie persönlich begegnet zu sein. Doch wie viele Briefe haben wir ausgetauscht! Er war der Gott der Ironie und der Intelligenz in dieser Welt. Seine Werke haben meinen Verstand und mein Herz geformt. Schreibt unverzüglich an Grimm, er solle von den Erben die Bibliothek und die persönlichen Papiere des Verstorbenen erwerben und mir zukommen lassen. Zudem wünsche ich, mit dieser Sendung auch eine Büste Voltaires zu erhalten. Sie wird in meinem Palast in St. Petersburg einen angemesseneren Platz finden als in irgendeinem Bürgerhaus in Paris. Sobald Euer Brief bereit ist, legt ihn mir zur Unterschrift vor. Er soll sofort abgeschickt werden: im Hof wartet bereits ein reitender Bote.«

Auch ich war bewegt. Vermutlich spiegelten sich meine Gefühle auf meinem Gesicht, denn die Zarin fügte mit sanfter Stimme bei:

»Geht schnell, Konstantin Iwanowitsch! Ich weiß, daß Ihr diese Aufgabe sehr gut erfüllen werdet.«

Im dunklen Raum der Kanzlei angelangt, zündete ich zwei Kerzen an, schnitt einen Gänsekiel zurecht und machte mich an die Arbeit. Hinter den Fenstern verblaßte eine laue Frühlingsnacht. Die gewaltige Masse des Palastes hielt mich von allen Seiten gefangen. Ich war wie in ein dichtes Schweigen gehüllt. Über ein leeres Blatt gebeugt, versuchte ich, die innersten Gedanken Ihrer Majestät zu ergründen, gewaltsam in ihren Kopf einzudringen, ihre ureigensten Worte zu finden. Und nach und nach, in die Zarin aller Reußen versetzt, gab ich dem Ausdruck aufrichtiger Trauer freien Lauf.

Als ich ihr den Brief brachte, las sie ihn, unterzeichnete ihn, ohne ein einziges Wort zu ändern; dann bot sie mir die Hand zum Kuß. Noch nie war sie mir so alt erschienen.

IV

Rimski-Korsakow konnte sich nicht lange halten. Ich gestehe, daß ich an seinem Abgang nicht ganz unschuldig bin. Nachdem ich erfahren hatte, daß er seine kaiserliche Mätresse ungeniert mit einer ihrer engsten Freundinnen, Gräfin Praskowja Bruce betrog, konnte ich meine Zunge nicht im Zaum halten. Von einer Art monarchischem Eifer getrieben, spielte ich vor Ihrer Majestät auf das schändliche Verhalten an. Sie legte es geschickt darauf an, die Schuldigen in flagranti zu erwischen, ließ ihrem Zorn freien Lauf, und der flatterhafte Liebhaber mußte sich zurückziehen, allerdings, gewissermaßen als Entschädigung, mit einer namhaften Summe in der Tasche.
Nach diesem Vorfall bedankte sich die Zarin bewegt dafür, daß ich so hartnäckig ihre Ehre als Frau und Herrscherin verteidigt hatte. Mein Gehalt wurde abermals erhöht, mein Zuständigkeitsbereich bestätigt, ja sogar erweitert. Während Katharina II. mit ihren Ministern regelmäßig Gespräche über den Gang der öffentlichen Angelegenheiten führte, ließ sie mich für die privaten Belange immer häufiger zu sich rufen. So wußte ich etwa schon vor allen anderen um ihr Interesse am brillanten Alexander Lanskoi. Lanskoi, der zweiundzwanzigjährige Gardekavalier und Schützling Potemkins, war von sanfter Schönheit und träger Freundlichkeit, womit er

bereits vor geraumer Zeit die Aufmerksamkeit Ihrer Majestät erregt hatte. Doch zögerte sie noch, ihm die Tür zu ihrem Schlafgemach zu öffnen. Als sie mich eines Tages wie nebenbei nach meiner Meinung über den jungen Mann fragte, konnte ich ihn nicht genug rühmen; während ich seine zahlreichen Qualitäten aufzählte, bemerkte ich, wie sie zustimmend nickte. Einen Tag später installierte sich Alexander Lanskoi in den prunkvollen Räumen, die den einander ablösenden Favoriten als Wohnung zugeteilt waren. Dort fand er, wie üblich, in einem Schreibtisch eine Börse mit hunderttausend Goldrubel. Am Abend zeigte er sich am Hof an der Seite der Zarin. Gegen zehn Uhr zog sie sich in ihre Privatgemächer zurück, und einige Minuten später folgte ihr der Neuerwählte, bleich und würdig, voller Beklemmung und unter dem Druck der von ihm erwarteten Heldentaten. Sein Aufbruch dem Zenit entgegen sorgte für neidvolles Getuschel hinter seinem Rücken.
Etliche sagten der Liebesbeziehung ein rasches Ende voraus. Sie sollten sich täuschen. Von der jugendlichen Schönheit Alexander Lanskois berührt – sie nannte ihn liebevoll Sascha –, sah die Zarin in ihm zugleich den kraftvollen Liebhaber und den geistigen Sohn, der würdig war, von ihr geformt zu werden. Bald mütterlich, bald aufreizend, fand sie anscheinend an seiner Konversation ebensoviel Gefallen wie an seinen Liebkosungen. Da er kaum Französisch sprach, beauftragte sie mich, ihn in dieser Sprache zu unterrichten. Er machte rasche Fortschritte, denn er hatte einen lebhaften Geist und Freude am Lernen. Wir wurden Freunde, und er vertraute mir Dinge an, die ich hier nicht enthüllen kann. Nur soviel: er zitterte jedesmal, wenn er seinen Liebesdienst erfüllen mußte, und vor Angst, angesichts seiner fülligen Mätresse zu versagen, nahm er ein Aphrodisiakum auf der

Basis von Cantharidinpulver ein. Er bewog Katharina II., die temperamentvolle Fürstin Daschkowa zur Direktorin der Russischen Akademie der Wissenschaften zu ernennen und Artikel für eine eigens zu diesem Zweck gegründete Zeitung zu schreiben. Zusammen mit ihm verfaßte Ihre Majestät auch einige nicht unamüsante Theaterstücke, allerdings nicht unter ihrem eigenen Namen. Ich half den beiden bei ihrem unschuldigen Vergnügen und überwachte die Vorbereitung der Aufführung auf der Bühne der Eremitage. Beklatschte das Publikum eine gekonnte Replik, saß ich, ganz eitler Autor, mit geschwellter Brust da.
Alle am Hof wußten, daß zwischen der Kaiserin, Lanskoi und mir heimliches Einvernehmen, ja fröhliche Komplizenschaft herrschte. Das verübelte uns Großfürst Paul, der ungeliebte Sohn. Von mütterlicher Wärme und Wertschätzung ausgeschlossen, hatte er um sich einen Klüngel haßerfüllter Menschen versammelt, die in ihm den Gedanken schürten, wir wollten ihn von der Thronfolge ausschließen. An der Spitze dieser Koalition stand der frühere Minister Nikita Panin, der mit dreiundsiebzig Jahren seine Entlassung aus dem Dienst nicht verkraften konnte. Als Katharina II. auf unseren Rat hin dem Großfürsten Paul und dessen Gemahlin vorschlug, sich auf eine Informations- und Vergnügungsreise ins Ausland zu begeben, gaukelte ihnen dieser Intrigant vor, das sei eine Falle, denn falls sie Rußland verließen, würde die Clique um die Zarin ihre Rückkehr zu verhindern wissen. Man mußte das Großfürstenpaar gewaltsam in die Kutsche setzen, die sie, tobend und schluchzend, ins Exil trug, wie sie glaubten. Während der ganzen Reise erreichten uns aus den von ihnen besuchten Hauptstädten Europas beunruhigende Berichte über die Extravaganzen des Großfürsten und dessen öffentlich bekundete Feindseligkeit

seiner Mutter gegenüber. Nach seiner Rückkehr fand ich das Großfürstenpaar arroganter denn je. In Paris hatte es derart maßlos eingekauft, daß die Kaiserin beim Anblick ganzer Stapel von Roben und Hüten, Halstüchern und Spitzen, Juwelen und Toilettenartikeln kurzerhand den Befehl erteilte, alles an die französischen Lieferanten zurückzuschikken.

In ihrem Innersten empfand die Zarin, so meine ich zu wissen, Frankreich als ein rivalisierendes Land, das gerade wegen der Vorzüge seiner Bewohner gefährlich war. Stets hatte sie gegenüber Ludwig XV. eine an Verachtung grenzende Abneigung an den Tag gelegt. Hätte sie dem verstorbenen König je verzeihen können, daß er einst das Osmanische Reich unterstützt und das höchst legitime Eingreifen Rußlands in Polen kritisiert hatte? Nach der Thronbesteigung Ludwigs XVI. hatten sich die Beziehungen zu Frankreich verbessert. Doch hinter der freundlichen Fassade schwelte noch immer dumpfer Groll. Stets von neuem überraschte mich, wie sehr Ihre Majestät die französische Kultur, wie wenig aber die Franzosen schätzte. Als ich es einmal wagte, sie darauf anzusprechen, antwortete sie scherzend: »Selbst die Franzosen lieben Frankreich nicht. Sie sind dort glücklich, aber sie lieben ihr Land nicht. Die Russen hingegen sind unglücklich in Rußland, aber sie lieben ihr Land. Und das soll einer verstehen!«

Das Mißtrauen gegenüber dem Land Voltaires und Diderots hielt sie indes nicht davon ab, für ihre beiden Enkelkinder eine Erziehung *à la française* zu fordern. Der charmante Alexander hatte nämlich inzwischen einen jüngeren Bruder bekommen. Er wurde – wie ich – Konstantin genannt, was mir ungeheuer schmeichelte. Obwohl erst im zarten Alter von sechs beziehungsweise vier Jahren, verdienten die beiden Jungen einen hervorragenden Erzieher. Die Erziehung von Prinzen kann nie früh genug einsetzen. Nach zahlreichen Beratungen empfahlen Sascha Lanskoi und ich Ihrer Majestät einen in der Nähe von Genf lebenden Schweizer: Frédéric César de La Harpe, der sich erfolgreich um die Erziehung der beiden jüngeren Brüder des derzeitigen Favoriten bemüht hatte. La Harpe galt als äußerst gelehrt und dem liberalen Gedankengut zugewandt. Kaum war seine Zusage eingetroffen, erstellten wir unter Aufsicht der Zarin einen an den Theorien Jean-Jacques Rousseaus orientierten Lehrplan.

Mit uns schwebte Katharina II. in der Sphäre der edlen Gedanken, sonst aber trieb sie ihre Eroberungspolitik energisch voran. Im Juli 1783 konnte Rußland dank Potemkins Anstrengungen die Krim annektieren. Mit grandiosen Feiern wurde dieser diplomatische und militärische Erfolg gewürdigt. Die Zarin stand auf der Höhe ihres Ruhms. Kaum hatte uns die Nachricht von der Eroberung des so lange begehrten, Rußland die Herrschaft über das Schwarze Meer sichernden Territoriums erreicht, begab sie sich feierlich auf den Senatsplatz und verneigte sich vor der Reiterstatue Peters des Großen. Das Denkmal war ein Jahr zuvor in Abwesenheit des nach Frankreich zurückgekehrten Falconet eingeweiht worden.

Zurück im Palast, beorderte mich Ihre Majestät in ihr Arbeitskabinett. Ich dachte, sie wolle mir wie üblich Anordnungen für ihre Korrespondenz erteilen. Doch hieß sie mich Platz nehmen, um mich dann eine Zeitlang unbewegt, stumm und mit seltsam starrem Blick zu mustern. Ich hatte den Eindruck, sie würde mich mit ihren Blicken ausziehen und taxieren. Würde sie mir vorschlagen, Sascha Lanskois Platz einzunehmen? Ich war ihr ausgeliefert. Doch wußte ich bereits, daß ich, anders als Lanskoi, der heiklen Aufgabe nicht gewachsen wäre – selbst unter Zuhilfenahme von Aphrodisiaka. Vor Schreck verkrampfte sich mein Magen.

»Wie alt bist du genau?« fragte sie mich unvermittelt.

Erneut duzte sie mich wie in meinen Anfängen. Der unerwartete Rückfall in die Familiarität bestärkte mich in meinen Befürchtungen.

»Achtundzwanzig Jahre«, erwiderte ich.

»Glaubst du nicht, es wäre an der Zeit, zu heiraten?«

Ich atmete auf: das Gespräch nahm eine beruhigende Wende.

»O nein, ob es Eurer Majestät gefällt oder nicht!« protestierte ich. »Der Junggesellenstand sagt mir vollkommen zu.«

»Du redest dummes Zeug! Geht ein Mann auf die Dreißig zu, dann ist es seine Pflicht, seine Verhältnisse zu ordnen, einen Hausstand zu gründen und Kinder zu haben. Zudem habe ich eine Verlobte für dich.«

Sie kündigte mir das wie eine Belohnung an; ich jedoch freute mich keineswegs, war vielmehr am Boden zerstört. Was sollte ich mit einer rechtmäßigen Ehegattin, wo ich doch über den Taubenschlag der Dienerinnen Ihrer Majestät herrschte? Doch einem Befehl von ganz oben widersetzt man sich nicht. Selbst wenn die Zarin im Unrecht ist, hat sie recht. Dem Zorn der Kaiserin und dem Ausschluß vom Hof war ein freudloses Leben an der Seite einer häßlichen Gattin bei weitem vorzuziehen. Völlig verdutzt stammelte ich:

»Eure Majestät ist zu gütig!«

»Für ergebene und fähige Mitarbeiter kann man nie gütig genug sein!«

»Und an wen denkt Eure Majestät in dieser ... Sache?«

»An ein anmutiges Mädchen. Es ist gerade erst fünfzehn, aber bereits eine junge Frau.«
»Kenne ich sie?«
»Nein. Doch du kennst ihren Vater. Er hat mit dir zusammengearbeitet: Nestor Maslow.«
Mir verschlug es den Atem. Wohl wußte ich, daß Nestor Maslow Witwer war und drei Töchter hatte, doch war mir keine je begegnet. Offensichtlich war die jüngste für mich bestimmt. In Anbetracht des Alters meines Kollegen mußte er sie mit über Vierzig gezeugt haben. War das nicht ein schlechtes Vorzeichen? Ich wagte nicht zu fragen, ob meine angehende Verlobte hübsch sei. Ich vermochte nur gerade zu murmeln:
»Wie heißt sie?«
»Julia. Ein liebenswerter Vorname, nicht wahr?«
»Ja, Eure Majestät.«
»Bist du zufrieden?«
»Sehr zufrieden, Eure Majestät.«
»Am nächsten Sonntag um fünf Uhr werdet ihr einander in meinem Arbeitskabinett vorgestellt werden. Julias Vater ist noch nicht verständigt. Ich wollte zuerst mit dir sprechen.«
In diesem Augenblick klopfte es an die Tür, und ein Diener ließ Sascha Lanskoi eintreten. Er war bereits auf dem laufenden und versicherte mir, die Idee Ihrer Majestät sei exzellent. Als wir nach wenigen Sätzen gemeinsam den Raum verließen, vertraute er mir im Vorzimmer mit erstickter Stimme an:
»Ah! Jugend im Bett! Und keine Schwiegermutter! Mir scheint, lieber Konstantin, Ihr wißt Euer Glück gar nicht richtig zu schätzen!«
Aus dem Munde Lanskois, für den die Liebe sozusagen einen Stich ins Überreife hatte, brachten mir diese Worte die

dringend benötigte Ermutigung. Ich versuchte, mich zu überzeugen, Ihre Majestät wisse besser als ich selbst, was ich zu meinem Glück brauche. Vielleicht war die für mich bestimmte Jungfrau ein köstliches Geschöpf.
Bei der Nachricht kamen meiner Mutter die Freudentränen, und sie stürzte sich betend vor die Ikonen. Endlich begann ihr Sohn ein geordnetes Leben zu führen. Und das unter dem erlauchten Schutz der Zarin! Konnte man sich etwas Ruhmreicheres erhoffen?
Da Nestor Maslow seinen Dienst aus gesundheitlichen Gründen vor sechs Monaten quittiert hatte, konnte ich mich mit ihm nicht über den Wunsch Ihrer Majestät unterhalten. Es schien mir seltsam, daß er nun mein Schwiegervater werden sollte, nachdem wir so viele Jahre mit kratzender Feder Seite an Seite gesessen hatten.
Je näher das Datum der Begegnung rückte, desto stärker wuchs meine Beklemmung. Am Sonntag fanden sich meine Mutter und ich zehn Minuten vor fünf Uhr im Vorzimmer der Zarin ein. Wir wurden sogleich vorgelassen, und meine Mutter schmolz vor derjenigen, die sie einst geschmäht hatte, vor Dankbarkeit dahin und seufzte:
»Das Leben meines Sohnes und mein eigenes werden nicht genügen, um Eurer Majestät für die gütige Aufmerksamkeit zu danken.«
Nach diesen Worten wurde die Ankunft der künftigen Verlobten und ihres Vaters gemeldet. Mit angehaltenem Atem blickte ich zur Tür, im Herzen eine törichte Hoffnung. Langsam, wie in einem Traum, öffnete sich der Türflügel. Ich sah ein bläßliches, fades und verängstigtes Mädchen in einem rosa Kleid mit Rankenmuster am Arm von Nestor Maslow mir entgegentreten. Es hatte eine lange Nase, kleine, ausdruckslose blaue Augen und ungepudertes, mit eini-

gen Blumen geschmücktes blondes Haar. Ich weiß nicht weshalb, aber ich mußte an eine Maus denken, die eine Falle wittert. Ihre linkische Unscheinbarkeit bestürzte mich. »Soll ich bis ans Ende meiner Tage zu dieser unansehnlich-langweiligen Kost verurteilt sein?« fragte ich mich empört. Julia versank in einen ungeschickten Knicks vor der Zarin, die sich ihr lächelnd zuwandte:
»Charmant, Ihr seid charmant, mein Kind. Wir haben allen Grund, Uns zu Unserer Wahl zu gratulieren.«
Meine Mutter half nach:
»O ja! Dank sei Eurer Majestät, Dank aus ganzem Herzen. Mein Sohn hätte sich keine lieblichere Ehegattin erhoffen können. Eine Schönheit! Ein engelhafter Blick! Welch ein Paar! Welch ein Paar!«
Ich drückte Julia die Hand, eine Hand, die so weich war, daß mir ein unangenehmer Schauer den Rücken hinunterlief. Sie stand da mit gesenktem Blick und wich meinen Augen aus. Mein einstiger Kollege Nestor Maslow, in sein Korsett gezwängt, umarmte mich. Er roch nach Haarpomade und Alkohol. Seit er nicht mehr im Dienst Ihrer Majestät stand, hatte er zu trinken begonnen. Er flüsterte mir ins Ohr:
»Ihr werdet es nicht bereuen, mein Lieber. Meine Tochter verfügt über alle Eigenschaften, die ein ehrlicher Mann von seiner Gattin erwarten kann. Indem ich sie Euch überlasse, verzichte ich auf den Sonnenstrahl, der bisher mein Heim erhellt hat ...«
Es war Ihre Majestät, die alle Einzelheiten unserer Eheschließung regelte. Ich bestand auf Sascha Lanskoi als meinem Brautführer. Diese feinfühlige Freundschaftsgeste rührte unsere Herrscherin so sehr, daß sie zum Zeichen ihrer Zustimmung dreimal mit dem Kopf nickte. Der Brautführer

der Verlobten sollte, so entschied die Zarin, ebenfalls ein Gardeoffizier sein. Dergestalt würden die beiden jungen Männer, die über dem künftigen Paar die Kronen halten würden, die gleiche Uniform tragen.
»Das wird ein hübsches Bild abgeben«, versicherte Ihre Majestät.
Dann wandte man sich der Wahl der ehelichen Wohnung zu. In Anbetracht von Julias zartem Alter war die Kaiserin der Meinung, meine Mutter solle der jungen Ehefrau zumindest in der ersten Zeit mit ihren Ratschlägen beistehen und über ihr Verhalten wachen. Zwar war unsere Wohnung an der Mojka sehr eng, aber auf der gleichen Etage befand sich eine von einem einstigen Hofkammerdiener und dessen Frau belegte Wohnung, alle beide zittrig und gebrechlich. Ihre Majestät hatte sich bereits über sie erkundigt. Laut dem eingeholten Bericht waren die Räumlichkeiten zu groß für die beiden, aber im Hinblick auf die zu erwartende Nachkommenschaft gerade richtig für ein neuvermähltes Paar. Auf Befehl der Zarin wurden die beiden alten Leutchen bereits eine Woche später aus der Wohnung geschafft und in einem Haus in einem Vorort der Hauptstadt untergebracht. Eines Morgens sah ich sie mit ihrem Bündel davonziehen, hinkend und armselig aus dem Paradies verbannt. Dennoch taten sie mir nicht leid, denn es schien mir vollkommen natürlich, daß der kaiserliche Wille bald links, bald rechts zuschlug, die einen erhöhend, die anderen erniedrigend.
Nach ihrer Abreise machten sich Hofhandwerker daran, die Wohnung instandzustellen. Mit meinem ersparten Geld konnte ich einige Möbel kaufen, doch meine Verlobte wollte sie nicht einmal sehen. Das Schicksal, das sie unter meinem Dach erwartete, schien ihr gleichgültig zu sein. Nach der ersten Begegnung bei der Zarin trafen wir uns nur noch

zweimal. Und beide Male saß Julia stumm, mit hängenden Schultern da, während ihr Vater, meine Mutter und ich das Gespräch bestritten. Am Tag der offiziellen Verlobung erhielt ich von Ihrer Majestät zehntausend Rubel zum Geschenk, was mich zwar freute, aber meine Befürchtungen nicht zu zerstreuen vermochte. Ich bemühte mich, vernünftig zu sein, indem ich mir wieder und wieder vor Augen hielt, am Hof seien noch andere in derselben Lage. Die Zarin hatte eine Schwäche dafür, Paare nach ihren Vorstellungen zu bilden. Gern zettelte sie in ihrer Umgebung unerwartete Eheschließungen an, verhalf Leuten wider deren Willen zum Glück und spielte Vorsehung. Wurde sie deshalb von einigen bereits Katharina die Große genannt?

V

Die Hochzeitsfeier war schlicht, würdig und ergreifend: ein Priester mit dem Bart eines Patriarchen, dessen Stimme aus den Tiefen der Erde zu kommen schien, ein Chor, der in himmlischen Tönen jubilierte, und ein Sascha Lanskoi, der sich in seiner Paradeuniform attraktiver und schöner denn je präsentierte. Julia, die Braut, glich unter ihrem weißen Schleier einem Opferlamm. Ich bemitleidete sie, aber begehrte sie nicht. Sie sollte geopfert werden, doch ich fühlte mich nicht zum Henker berufen.

Selbstverständlich war ich zu unbedeutend, als daß Ihre Majestät sich persönlich die Ehre gegeben hätte. Doch hatte sie als ihre Vertreterin Fürstin Daschkowa delegiert, die Direktorin der Russischen Akademie. Als sich Julia und ich dem Priester näherten, achtete ich darauf, daß ich als erster den Fuß auf den vor dem Altar ausgelegten Brokatteppich setzte, besagt doch ein alter Volksglaube, daß wer diesen Schritt als erster tut, sich für immer die Autorität in der Ehe sichert. Hinter uns warteten alle Anwesenden gespannt auf diesen für die Zukunft des Paares entscheidenden Schritt. Während des Brautsegens glaubte ich, Julia würde in Ohnmacht sinken. Sie fiel zusehends in sich zusammen. Wie jung sie doch war! Ich hatte den Eindruck, meine Tochter zu heiraten.

Während der anschließenden Festtafel betäubten mich Alkohol, Lärm und Blasorchestermusik so sehr, daß ich für einen Augenblick meine Befürchtungen vergaß. Doch kaum fand ich mich allein mit Julia in unserem Schlafzimmer wieder, kamen sie erneut auf. Es war eine vor Angst halbtote Beute, die sich meinen Küssen überließ. Als ich sie, nackt und zitternd, umarmte, empfand ich eine Art Gewissensbisse, die mich lähmten. Um mich zu erregen und während meine Lippen liebkosend ihre Haut berührten, wiederholte ich im Geiste: »Ihre Majestät hat sie dir geschenkt!« Mit der Zeit erzielte diese Beschwörung die erhoffte Wirkung. Ungeschickt besaß ich meine regungslose Frau, hörte ihren leisen Schrei, demjenigen eines verwundeten Vogels gleich, und wandte mich von ihr ab, enttäuscht und beschämt. Auf dem Rücken liegend, die Hände gefaltet, betete sie. Dabei blieb es in dieser Nacht.

Als mich tags darauf die Zarin in ihrem Arbeitskabinett empfing, fragte sich mich in leicht anzüglichem Ton:

»Hast du dich ihr gegenüber gut benommen?«

Ich bejahte, und nachdem diese Frage geregelt war, wandten wir uns der anstehenden Korrespondenz zu.

Seit jenem Tag kannte ich die Folter, an meiner Seite eine folgsame und zugleich abwesende Gefährtin zu haben. Meine Mutter erging sich in endlosen Lobreden über ihre Schwiegertochter. Sie sei sanft und vornehm, fügsam und fromm. Wenn Julia am Nachmittag zu ihr ging – sie mußte lediglich den Treppenabsatz überqueren –, führten sie, von Frau zu Frau, Gespräche von beruhigender Nichtigkeit. Tauchte ich auf, verstummte meine Gattin und zog sich in ihr Schnekkenhaus zurück. Meist nahmen wir das Abendessen zu dritt ein, zusammen mit meiner Mutter. Während der Mahlzeiten beantwortete Julia einsilbig meine Fragen und wich meinem Blick aus, als wollte ich plötzlich aufstehen und sie ohrfeigen. Zu ihrer Entlastung muß ich sagen, daß sie sich mir nie verweigerte. Doch wenn sie gefügig ihre Beine spreizte, dann aus Pflichterfüllung und im Gedanken an Gott. Mit meinem Begehren allein gelassen, mühte ich mit nachts mit einem Geschöpf ab, das ebenso glatt und stumm war wie ein Brett. Ich wußte nicht mehr, ob ich verheiratet oder ledig war. Um nicht der Verzweiflung anheimzufallen, redete ich mir ein, meine Frau sei zu jung, um die körperliche Liebe genießen zu können, und werde in einigen Monaten aufblühen. Zudem schien mir ihr Gesicht inzwischen etwas von seiner Banalität verloren zu haben. Ihre Augen strahlten, und wenn sie lächelte, war sie beinahe hübsch zu nennen. Sie wirkte noch immer wie ein geschlagenes Kind, doch das hatte nun unvermutet seinen Reiz. Ein ermutigendes Zeichen für unsere Zukunft. In Erwartung der Früchte dieser Verwandlung vergrub ich mich in Schreibarbeiten und eitles Hofgeschwätz.

Joseph Proutier, den ich immer noch in Moskau vermutete, hatte ich meine Eheschließung brieflich mitgeteilt. Die Nachricht, die meinen einstigen Mentor mit Freude erfüllen mußte, blieb lange ohne Antwort. Dann erhielt ich sein Schreiben, in Frankreich abgesandt, worin er mir mitteilte, er sei, Rußlands überdrüssig, nach Paris zurückgekehrt, dort sehr glücklich und habe seinen Beruf gewechselt. Er sei nun nicht mehr Perückenmacher, sondern öffentlicher Schreiber, verfasse also Schreiben an Verwaltungen, Liebesbriefe und Bittschriften aller Art für des Schreibens Unkundige, die ihn entsprechend der Anzahl Zeilen entschädigten. Solche Einzelheiten, die mich früher belustigt hätten, ließen mich gleichgültig. Mich beschäftigte allein mein schäbiges und trübseliges Leben zwischen Ehegattin und Mutter.

Eines Abends im Monat März 1784 kehrte ich früher als üblich nach Hause zurück und öffnete leise die Tür zu unserem Schlafzimmer, um Julia zu überraschen. Sie lag im Bett mit Sascha Lanskoi und keuchte vor Lust. In ihre Liebkosungen vertieft und aneinander geschmiegt, bemerkten sie mich nicht, während ich leise die Tür schloß und mich auf Zehenspitzen davonschlich. Hätte ich mich anders verhalten können? Mit einem Skandal hätte ich Sascha Lanskois und zugleich die eigene Karriere im Dienste Ihrer Majestät gefährdet. Ja, der vom Hof verjagte, abgehalfterte Favorit hätte mich in seinem Sturz unweigerlich mitgerissen. Es war besser, diesen Schicksalsschlag zu verschweigen, der mich zwar überraschte, aber meinen Stolz intakt ließ. Es machte mir wenig aus, daß meine Ehefrau bei einem anderen jene Lust fand, die ich in ihr nicht hatte wecken können. Ich liebte sie nicht, brauchte ihretwegen also auch nicht eifersüchtig zu sein.
So ging denn unser Leben, mit seinen täglichen kleinen Mißhelligkeiten und Freuden, äußerlich unverändert weiter: meine Mutter verwöhnte Julia, Julia empfing heimlich Sascha Lanskoi, ich erklomm Schritt für Schritt weitere Stufen in der Wertschätzung Ihrer Majestät. Und um mich für meine Stellung des allzu nachsichtigen Ehemanns zu rächen, auferlegte ich meiner Gattin von Zeit zu Zeit die eheliche Pflicht, die zu erfüllen sie sich gewissenhaft bemühte.
Zu Beginn des Sommers 1784, als sich der Hof nach Zarskoje Selo begab, wollte mich Julia dorthin begleiten – vermutlich um ihrem Liebhaber nahe zu sein. Bei Sascha Lanskoi indes machten sich Zeichen der Ermattung bemerkbar. Sein doppelter Dienst bei Ihrer Majestät und bei meiner Gattin hätte jeden normal veranlagten Mann erschöpft. Er vertraute mir an, die Zarin werde immer anspruchsvol-

ler, und um sie nicht zu enttäuschen, sei er gezwungen, die Dosis des Cantharidinpulvers zu erhöhen. Sein Ausdruck war verängstigt, sein Aussehen fahl. Täglich spazierte er mit Ihrer Majestät im Park. Die beiden jungen Großfürsten, Alexander und Konstantin, tollten sich vor den Augen ihrer Großmutter und deren Liebhaber auf dem Rasen – ein reizendes Familienidyll. Von Zeit zu Zeit bückte sich unsere Herrscherin schwerfällig und strahlend über ein Beet blühender Rosen, um deren Duft zu atmen.

Nichts schien das Glück Ihrer Majestät zu trüben. Doch plötzlich am 19. Juni wurde Sascha Lanskoi von starkem Fieber befallen. Schlotternd, schwitzend, mit entzündetem Hals mußte er auf den Spaziergang verzichten und das Bett hüten. Da ihm das Atmen Mühe bereitete, vermuteten die Ärzte eine bösartige Angina und baten Ihre Majestät inständig, zur Vermeidung jeder Ansteckung dem Krankenlager fernzubleiben. Sie ignorierte die Warnung und plazierte sich heroisch am Lager ihres Favoriten. Dieser litt an Erstickungsanfällen, und die Ärzte verschrieben ihm verschiedene Medikamente, die dem Kranken indes keinerlei Erleichterung verschafften. Hinter ihrem Rücken wurde getuschelt, nicht die Angina, sondern der Mißbrauch der Aphrodisiaka habe Sascha Lanskoi niedergestreckt. Sechs Tage später starb er in den Armen der Zarin. Das Begräbnis fand im Park von Zarskoje Selo in Anwesenheit des gesamten Hofs statt. Nach den Trauerfeierlichkeiten mußte Ihre Majestät gebrochenen Herzens selbst das Bett hüten. Als ich sie nach einer Woche wiedersah, sagte sie zu mir:

»Mit Sascha habe ich meinen wahren Sohn verloren.«

Und, ihre persönliche Korrespondenz zurückschiebend, fügte sie bei:

»Schreib an meiner Stelle. Ich vertraue dir. Ich, ich habe

nicht mehr die Kraft. Ich werde unterzeichnen, mehr nicht.«
Meine Ehefrau ihrerseits nahm den Tod Sascha Lanskois erstaunlich gelassen hin. Hatte sie ihn geliebt? War sie überhaupt fähig, jemanden zu lieben? Auf mich wirkte sie, als ginge sie schlafwandelnd durch das Leben. Doch eines Abends ertappte ich sie, wie sie Blumen am Grab Sascha Lanskois niederlegte. Diese Geste, die mich ja eigentlich hätte irritieren müssen, stimmte mich seltsamerweise ihr gegenüber eher nachsichtiger. Daß sie den Verlust ihres Liebhabers zu bedauern schien, machte sie mir menschlicher, verständnisvoller und weniger fremd.
Doch es sollte uns nie beschieden sein, zu gegenseitigem Vertrauen zu finden. Schon bald eröffnete mir Julia, sie sei schwanger. Von mir oder von ihm? Ich stellte ihr die Frage nicht. Ihre Antwort wäre eine Lüge gewesen. Widerwillig ließ ich es zu, meinen Namen einem Kind zu geben, dessen Vater ich vermutlich nicht war. Ich tat sogar so, als freute ich mich auf das kommende Ereignis. Meine Mutter umsorgte ihre Schwiegertochter, deren sich rundender Bauch sie bis zur Albernheit entzückte. Die Geburt war für Anfang Dezember 1784 vorgesehen.
Eines Morgens im November – ich ging mit der Zarin gerade die eingegangene Korrespondenz durch – ließ mich ein von meiner Mutter gesandter Bote wissen, bei Julia hätten jäh die Wehen eingesetzt, und sie sei an der Geburt unserer Tochter gestorben. Von einem in meiner Situation vielleicht überraschenden Gefühl tiefer Trauer übermannt, hörte ich kaum die Beileidsbezeugungen Ihrer Majestät und bat um die Erlaubnis, nach Hause zu eilen.
Zu Hause angekommen, empfing mich Seufzen und Schluchzen. Meine Mutter und mein Schwiegervater standen Schulter an Schulter vor der Toten und weinten. Der Priester, der

uns getraut hatte, war ebenfalls zugegen. Über dem Raum lag der Duft von Weihrauch. Der Leichnam war bereits eingekleidet und hergerichtet. Wie ein braves Kind lag Julia lag da in ihrem Hochzeitskleid. Ich konnte die Tränen nicht zurückhalten, obwohl ich um ihre Falschheit und Schändlichkeit wußte. Doch ihre unschuldige Erscheinung in der Kälte der Ewigkeit entwaffnete mich. Das Bild, das ich von ihr behalten würde, so dachte ich bei mir, war nicht jenes der Frau, die unter den Liebkosungen ihres Liebhabers dahinschmolz, sondern jenes des jungen Mädchens, das, von Kerzen beleuchtet und von Ikonen bewacht, ruhig schlief.
Nach einem kurzen Gebet führte mich meine Mutter zur Wiege, in der schreiend das Neugeborene mit rotem Gesicht lag. Diesem Nachkömmling eines Toten und einer Toten, so fühlte ich, würde ich nie vergeben, daß er da war – lebendiges Symbol meiner ehelichen Schande. Ja, plötzlich, aber ebenso unbegründet wie zuvor, wußte ich mit jeder Faser meines Herzens, mit ganzer Seele, daß dieser Säugling nicht von mir war. Mußte ich nun während meines gesamten Lebens zusehen, wie an meiner Seite ein Mädchen heranwuchs, das ich weder lieben noch verleugnen konnte? Voller Abscheu wandte ich mich von dem jämmerlichen Bastard ab, dessen bloßer Anblick mich an meine unselige Ehe erinnerte.
»Wir werden sie Julia nennen, wie ihre arme Mutter«, murmelte meine Mutter leise.
»Wie du meinst«, sagte ich achselzuckend.
Wir stellten eine Amme ein. Deren Milch mußte von schlechter Qualität sein, denn das Kind wurde zusehends schwächer. Zwei Wochen später lag die kleine Julia am Morgen tot in ihrer Wiege. Ich gestehe, daß mir ihr Tod jene Erleichterung verschaffte, deren ich im Hinblick auf

mein weiteres Leben und meine künftige Arbeit unter dem Befehl Ihrer Majestät dringend bedurfte.
Nach diesen beiden Trauerfällen brachte mir die ebenfalls leidgeprüfte Zarin vermehrt freundschaftliche Gefühle entgegen. In der Trauer vereint, sprachen wir unter Seufzern von unseren vielgeliebten Abwesenden. Ich legte ihr nahe, im Gedenken an Sascha Lanskoi im Garten von Zarskoje Selo ein Grabmal errichten zu lassen. Sie nahm diese fromme Anregung dankend auf und befahl, auf die Urne die folgenden schlichten Worte einzumeißeln: *A mon plus cher ami.*
Um sich zu zerstreuen, stürzte sie sich in das Studium verschiedener Fremdsprachen und ließ sich durch Grimm in Paris zahlreiche Wörterbücher beschaffen. Doch diese intellektuelle Beschäftigung, so ahnte ich, würde sie ihrer Melancholie nicht entreißen können. Sie liebte das Leben zu sehr, um sich mit eitlen Geistesübungen zu begnügen. Um zu ihrem alten Gleichgewicht zurückzufinden, brauchte sie kräftigere Nahrung – die Liebe. Ich wagte es, ihr dies anzudeuten. Sie schien darüber keineswegs empört zu sein.
Auch der stürmische Potemkin, vor kurzem zum Fürsten von Taurien ernannt, kam eilends herbei und suchte Ihre Majestät zu überzeugen, sie müsse ihr Leid überwinden und an neue Sinnenfreuden denken. Auf sein Drängen hin warf sie schließlich ein Auge auf Alexander Jermolow, dessen unerschöpfliche körperliche und moralische Vorzüge er ihr rühmte. Groß, blond, mit mandelförmigen Augen und leicht stumpfer Nase war er, so sagte man in ihrem Gefolge, eine Art »weißer Neger«, der slawischen Charme und exotisches Geheimnis in sich vereinte.
Katharina II. nahm ihn auf Probe und schien anfänglich mit ihm zufrieden. Doch hatte ihm der Aufstieg den Kopf

verdreht, und Jermolow fühlte sich stark genug, sich seines Beschützers zu entledigen. Gedrängt von den Feinden Potemkins, deren es am Hof viele gab, enthüllte er der Zarin, daß der Mann, den sie bewunderte und dem sie seit Jahren freundschaftlich verbunden war, für den Aufbau und die Bewirtschaftung Weißrußlands bestimmte Gelder veruntreute. Wutentbrannt ob dieser – wie ich heute überzeugt bin, durchaus begründeten – Anschuldigung, stürzte Potemkin zur Kaiserin. Obwohl sie sich im Boudoir von ihrem Friseur gerade die Haare richten ließ, forderte er sie ultimativ auf, sich unverzüglich zwischen ihm, dem Fürsten von Taurien, dem Bezwinger der Türken, dem Kolonisator der ukrainischen Steppen, und dem »weißen Neger«, diesem gänzlich unerheblichen Instrument ihrer Lust, zu entscheiden. In die Enge getrieben, zögerte Ihre Majestät nicht, ihren jungen Favoriten dem brüllenden Einäugigen zu opfern, der sich in seiner mit Orden übersäten Paradeuniform vor ihr aufgepflanzt hatte. Sie wußte, daß Potemkin pflichtvergessen, durchtrieben und prunksüchtig war, doch verzieh sie ihm alles in Erinnerung an ihre vergangene Liebe. Ohne jede Erklärung entlassen, bat Jermolow um die Gunst, vor dem Verlassen des Palastes seine Herrscherin ein letztes Mal zu sehen. Sie verweigerte ihm die Audienz, doch überließ sie ihm ein großartiges Abschiedsgeschenk: hundertdreißigtausend Rubel und viertausend Bauern. Meiner Meinung nach fand sie ihn zu verschwenderisch ab für die kurze Zeit, die er an ihrer Seite verbracht hatte.

Die Gemächer des Favoriten standen einmal mehr leer. Die Zarin verzehrte sich. Beleibt, schwer atmend, vom Alter gezeichnet, lehnte sie alle Kandidaten ab, die sich darum bewarben, sie zu befriedigen. Schließlich wurde Potemkin fündig und brachte einen gutaussehenden Gardeoffizier ins

Spiel, eingezwängt in seine rote Uniform, mit kühnem Blick und elegantem Auftreten. Er war sechsundzwanzig, hieß Alexander Mamonow und sprach fließend Französisch. Zudem erwies er sich bereits in der ersten Nacht als unersättlich. Mir war, Ihre Majestät verjünge sich zusehends im Kontakt mit diesem gesunden und geschmeidigen Körper. Sie tat keinen Schritt mehr ohne Alexander Mamonow, dem sie den Spitznamen *Monsieur l'habit rouge* (Herr Rotrock) gegeben hatte, lachte bei seinem geringsten Scherz, teilte seinen Geschmack in Sachen Bücher, Musik, Bilder; schamlos in ihrem Glück, wandte sie sich, durch mich, an ihre üblichen Briefpartner, um das Lob des Auserwählten zu singen. Übrigens war auch ich der Meinung, dieser Adonis habe alles, um einer Frau in den Wechseljahren zu gefallen. In Wahrheit jedoch verbarg er seine Absichten sorgfältig hinter einer Maske der Freundlichkeit. Das sollte ich bald am eigenen Leib fahren.

Trotz seiner lebhaften Sympathiebezeugungen mir gegenüber war Alexander Mamonow mein enges Verhältnis zur Zarin ein Dorn im Auge. Zweifellos beeinträchtigte ich in seinen Augen die Vorrechte des offiziellen Favoriten, wenn ich die persönliche Korrespondenz Ihrer Majestät erledigte, ihr voller Respekt einige Ratschläge gab und zuweilen von ihr ins Vertrauen gezogen wurde. Beklagte er sich bei Katharina II. über die Stellung, die sie mir auf seine Kosten einräumte? Auf jeden Fall hörte sie auf, mich bei jeder sich bietenden Gelegenheit in ihr Arbeitskabinett zu rufen. Schon bald sah ich sie nur noch selten unter vier Augen; unser Gespräch beschränkte sich dann jeweils auf dienstliche Fragen, und sie duzte mich nicht mehr. Jedenfalls nie in Anwesenheit von *Monsieur l'habit rouge*. Sobald dieser Mann mich im Arbeitskabinett Ihrer Majestät oder in einem Salon entdeckte, verdüsterte sich sein Gesicht. Ohne je etwas getan zu haben, was ihm hätte schaden können, war ich sein Erzfeind geworden. Offenkundig wollte er mich vom Thron fernhalten. Nachdem ich der Sonne so nahe gestanden, konnte ich mich nur schwer damit abfinden, erneut in den Schatten zu treten. Ich hoffte, wenigstens im Abseits ungestört meiner Arbeit als Sekretär nachgehen zu können. Doch eines Morgens im Juni 1786 rief mich Ihre Majestät in ihr Arbeitskabinett und eröffnete mir, sie plane für mich eine neue Zukunft. Alexander Mamonow hielt sich hinter ihr, steif und herablassend.

»Ja mein Lieber«, fuhr die Zarin fort, »Eure Talente scheinen mir hier schlecht genutzt. Außerdem bahnt sich eine Verbesserung unserer Beziehungen zu Frankreich an. Wir haben in Paris einen neuen Botschafter, den exzellenten Baron Simolin. Ihr werdet zu ihm fahren. Zwar werdet Ihr an seiner Seite keinen besonderen Auftrag haben. Aber Ihr werdet Eure Augen und Ohren offenhalten, Ihr werdet mir über Eure Eindrücke berichten. Ich bin überzeugt, daß Ihr diese Aufgabe als Beobachter aufs trefflichste erledigen werdet.«

Ich hörte mein Todesurteil. Was hatte ich in Frankreich verloren, während mich so vieles an diesen Hof band, wo ich mich wie zu Hause fühlte, an diese Herrscherin, deren Vertrauen mir ebenso unentbehrlich war wie dem Trunkenbold der Wodka? Bestraft und erniedrigt lehnte ich mich nicht einmal gegen soviel Ungerechtigkeit auf. Ich war ein Bauer in der Hand Ihrer Majestät. Sie war frei, mich an diesen oder jenen Ort auf der Karte Europas zu verschieben. Alexander Mamonow musterte mich mit unverschämtem Blick. Er triumphierte, er frohlockte im stillen. Die Zarin indes schien mir über den Beschluß verlegen, zu dem er sie gedrängt hatte. Nach einer Weile senkte sie das Haupt, als

hätten Mattigkeit und Bedauern sie überwältigt. All meinen Mut zusammennehmend, fragte ich sie:
»Wann wünschen Eure Majestät, daß ich aufbreche?«

ZWEITER TEIL

I

Meine Reise, im Juli 1786 begonnen, war lang und beschwerlich. Die verschiedenen Postkutschendienste waren schlecht koordiniert, und ich war gezwungen, sechs Tage in Den Haag und vier Tage in Brüssel zu verbringen. An den meisten Poststationen standen nicht genügend Pferde zur Verfügung. Man mußte sich gedulden und protestieren, drohen und die Postmeister bestechen. Während der letzten Etappe saßen wir Reisende bei unerträglicher Hitze derart zusammengepfercht, daß wir die Kutschenschläge öffnen mußten, um nicht zu ersticken. Im Durchzug erkältete ich mich, so daß ich niesend und hustend in Paris eintraf.

Vom Innenhof der Königlichen Poststation ließ ich mich samt Gepäck im Fiaker unverzüglich zur Adresse des inzwischen benachrichtigten Joseph Proutier fahren. Er wohnte in einem alten Haus am linken Seine-Ufer, in der Rue des Canettes. Das ebenerdig gelegene Lokal, wo er als öffentlicher Schreiber tätig war, besaß eine breite Vorderfront, die die Blicke der Passanten anzog. Am staubigen Fenster waren mit Siegellack Muster von Liebesbriefen, Verwaltungseingaben und Geburtstagsgedichten befestigt. Ein einladender Spruch zierte das Aushängeschild: *L'Ami des cœurs solitaires. Secret garanti, succès assuré.* (Der Freund der einsa-

men Herzen. Diskretion zugesichert. Erfolg garantiert.) Ich trat ein.
Joseph Proutier saß am Tisch und schrieb, den Rücken gebeugt, eine Brille auf der Nase, das Kinn beinahe auf dem Papier. Als ich, von Glockengeklingel angekündigt, eintrat, blickte er nicht auf. Vor ihm stand eine junge Frau mit losem Oberhemd und wartete andächtig, bis er den von ihr in Auftrag gegebenen Brief in schönster Schrift zu Ende geschrieben hatte. Nur das regelmäßige Kratzen der Feder auf dem Papier durchbrach die Stille. Als Joseph Proutier sein Werk beendet hatte, streute er Sand über das Blatt und las der Auftraggeberin, ohne sie eines Blickes zu würdigen, den Text mit leiser Stimme vor. Sie schien entzückt, steckte den Brief in ihr Mieder, legte einige Münzen auf den Schreibtisch und entfernte sich tänzelnden Schrittes. Dann erst lehnte sich Joseph Proutier zurück und erblickte mich. Wir fielen einander in die Arme. Er war derart gealtert und abgemagert, daß ich das Gefühl hatte, ein Skelett zu umarmen. Inmitten unserer heftigen Umarmungen überkam mich ein ununterdrückbares Niesen. Er reichte mir ein Fläschchen mit einer selbst gebrauten Mixtur. Ich atmete die scharfen Dämpfe ein, und wie durch ein Wunder löste sich meine Erkältung in nichts auf.
Eine gute Stunde lang berichteten wir einander wortreich über alle wichtigen Ereignisse unseres Lebens seit unserer Trennung in St. Petersburg vor etwa zwölf Jahren. Am meisten belustigte ihn die Aufzählung der sich ablösenden Favoriten der Zarin. Von Zeit zu Zeit unterbrach uns ein Kunde, der verstohlen die Schwelle überschritt und sich dem Schreibtisch wie einem Beichtstuhl näherte. Dann hörte Joseph Proutier aufmerksam zu, schüttelte den Kopf, hob die Augen, nach Eingebung suchend, zur Decke, um dann

unvermittelt ein Dutzend Zeilen in seiner schönen runden Schrift niederzuschreiben. Kaum hatte er das Honorar eingestrichen, nahm er unseren Gesprächsfaden genüßlich wieder auf.

Als wir unsere Erinnerungen ausgetauscht hatten, kümmerte er sich um meine Unterkunft. Er selbst schlief in einer Art Abstellkammer, die er hochtrabend das Hinterzimmer nannte. Der Raum war seiner Meinung nach zu ungesund und zu eng, als daß ich ihn mit ihm hätte teilen können. Doch hatte er sich, kaum war mein Schreiben aus Brüssel eingetroffen, mit seinem Vermieter Monsieur Martial Biseautin, einem alten Geizkragen, verständigt, der wenige Schritte von hier an der Rue Garancière wohnte: er sollte mir ein Zimmer vermieten. Das Zimmer war zur Zeit frei; es gehörte zwar zu Martial Biseautins Wohnung, hatte aber den Vorteil, über einen eigenen Eingang zu verfügen. Laut Joseph Proutier empfing der gute Mann, verwitwet und von eher ungehobelter Wesensart, nie Besuch und führte das Leben eines Einsiedlers. Seiner Meinung nach konnte ich in ganz Paris nichts Passenderes finden. Er erkundigte sich väterlich, ob ich denn die Miete bezahlen könne. Ich konnte ihn beruhigen: Ihre Majestät hatte die Güte gehabt, mir etwas Geld vorzustrecken, um mir die Anfangszeit in Frankreich zu erleichtern.

»In diesem Fall müssen wir ja nur noch das Zimmer beziehen«, meinte er fröhlich.

An die Tür seiner Schreibstube hängte er ein Schild, worauf er den Passanten mitteilte, »der Freund der einsamen Herzen« sei eine Stunde lang abwesend, dann lud ein Junge von etwa fünfzehn Jahren, der ihm als Mädchen für alles diente, mein Gepäck auf einen Schubkarren, und wir brachen auf in Richtung Rue Garancière.

Monsieur Martial Biseautin empfing uns, von seiner Leibesfülle förmlich in das Polster des mit olivgrünem Damast bespannten Lehnstuhls gedrückt. Trotz der Hitze hatte er sich in einen vom Hals bis zu den Knöcheln reichenden dunkelbraunen wollenen Überwurf gehüllt. In seinem fahlen und fettigen Gesicht glänzten gierige Äuglein – wie Karfunkelsteine in einem Topf Schweineschmalz. Als erstes ließ er mich wissen, daß jede Diskussion über den geforderten Mietpreis vergeblich sei, daß er nach neun Uhr abends wegen der dünnen Wände keinen Lärm mehr dulde, daß schließlich seine noch immer um den kürzlich verstorbenen Ehemann trauernde Tochter, Madame Laura Jouhanneau, zuweilen einige Tage bei ihm verbringe; dann müsse ich mein Zimmer jeweils an die junge Frau abtreten und in der Küche schlafen, wo man mir einen Strohsack zurechtlegen würde. Diese Bedingungen schienen mir, obgleich in scharfem Ton vorgetragen, durchaus annehmbar. Ich wechselte einen Blick des Einvernehmens mit Joseph Proutier, unterzeichnete, ohne ihn durchzulesen, den von meinem Vermieter vorbereiteten Vertrag und bezahlte im voraus eine Monatsmiete.

Nachdem der Handel abgeschlossen war, richtete ich mich in der mir zugewiesenen Kammer ein, deren spärliche Möblierung aus einem Bett mit halb durchhängender Matratze, einem wackeligen Tisch, zwei Strohstühlen, einem Krug samt Eimer und Becken, schließlich aus einem großen zweitürigen Schrank bestand, worin ich, von Joseph Proutier assistiert, meine Kleider versorgte. Dann gingen wir weg, denn ich hatte es eilig, die Stadt zu sehen, deren Pracht und Glanz ganz Rußland rühmte. Paris schien mir schmutziger, baufälliger, vor allem aber chaotischer als St. Petersburg. Eine träge und schwatzhafte Menge drängte sich in den sich windenden Gäßchen des Stadtviertels. Den Pariser Architekten mußten gerade Linie und Symmetrie unbekannt sein. Kein Haus glich dem anderen. Zwischen den unregelmäßig gefügten Pflastersteinen bahnten sich stinkende Rinnsale ihren Weg. Räudige Hunde, ausgemergelte Katzen und gefräßige Hühner strichen um die Beine der Passanten. Da und dort pries ein Waffel- oder Zwiebelverkäufer seine Ware an. Mit einer Fähre überquerten wir die Seine. Gedränge und Lärm rund um das Palais Royal gefielen mir nicht. In der Vorstellung eines an Disziplin, Uniformen und Schweigen vor der Obrigkeit gewohnten Russen entsprach dieses Durcheinander keineswegs bürgerlichem Wohlverhalten. Mir kamen die Äußerungen unserer Zarin über Frankreich in den Sinn. Wie sie bewunderte ich die Baudenkmäler, schätzte die Musik und die französische Sprache, doch die Franzosen mit ihren freien Sitten und ihrem stets wachen kritischen Geist verunsicherten mich. Mitten in Paris boten Zeitungsverkäufer lauthals Schmähschriften an, die das Königspaar beleidigten. Ich bekundete Joseph Proutier mein Erstaunen über soviel Respektlosigkeit, worauf er mir erklärte, mit ihrer maßlosen Verschwendungssucht, ihrer unverschämten Leichtfertigkeit und ihrem verderblichen Einfluß auf den farblosen und unentschlossenen Gatten habe sich Marie-Antoinette im ganzen Land unbeliebt gemacht. Um mir das Zerwürfnis zwischen Öffentlichkeit und Herrscherpaar vor Augen zu führen, erwähnte er die erst vor kurzem bekanntgewordene »Halsbandaffäre«, von der ich, ohne Genaueres zu erfahren, während meiner Reise gehört hatte. Seiner Meinung nach hatte die Intrigantin de La Motte mit ihrem widerlichen Ränkespiel dem Volk vorgegaukelt, die Königin sei mit Kardinal von Rohan, ihrem unglücklichen Verehrer, insgeheim übereingekommen, er werde sie, sollte

sie ihn erhören, als Gegenleistung mit dem schönsten Schmuckstück der Welt beschenken. Um die Unschuld seiner Gemahlin zu beweisen, hatte König Ludwig XVI. verlangt, die Schuldigen seien vom Parlament abzuurteilen. Im vergangenen Mai nun hatten die Magistraten Gräfin de La Motte zur Brandmarkung und zu lebenslänglichem Kerker verurteilt, Kardinal von Rohan aber von allen Verdächtigungen reingewaschen. Er hatte die Bastille, das Staatsgefängnis, unter dem Beifall der Menge verlassen, aus der feindselige Rufe gegen Marie-Antoinette, »die Österreicherin«, ertönten. Danach hatte sich die Stimmung etwas beruhigt, und Joseph Proutier hoffte, mit der Zeit würden Ihre Majestäten die Zuneigung und Wertschätzung ihrer stets zum Aufstand bereiten Untertanen zurückgewinnen. Doch, so räumte er ein, auch er habe einige Monate lang die Empörung seiner Mitbürger geteilt.
»In Rußland«, meinte er, »bekommen die Leute – soweit ich das aufgrund meines langen Aufenthalts dort beurteilen kann – nur bei Krankheit heißes Blut; hier werden selbst gesunde Leute vom Fieber gepackt. Erregung über nichts und abermals nichts – das ist der Normalzustand des Franzosen. Gebt zu, es ist schwierig, mit einer Nation, die wie eine Milchsuppe brodelt, gute Politik zu betreiben!«
Er lachte, und ich verstand, daß es in diesem gesegneten Landstrich keinerlei Anlaß zu übermäßiger Beunruhigung gab und daß sich hier selbst die schlimmsten Befürchtungen, je nach Stimmungsmache oder Laune, wie Rauch in nichts auflösten.
Schließlich landeten wir in einer miesen Kneipe im Stadtviertel von Saint-Sulpice, wo ich mit gutem Appetit eine stark gewürzte und fettige Mahlzeit zu mir nahm. Auf Empfehlung von Joseph Proutier zeigte sich der Wirt bereit, mich

einmal am Tag zu verköstigen; auch hier mußte ich einen Monat im voraus bezahlen. So schmolz mein Notgroschen zusehends dahin. Es wurde Zeit, daß ich meinen Dienst bei Botschafter Simolin aufnahm, um das von der Zarin mir huldvoll zugestandene Gehalt beziehen zu können.
Meine Nachtruhe wurde arg gestört, denn auf der anderen Seite der Wand hustete, spuckte und schnarchte Martial Biseautin. Bereits in der Morgendämmerung wach geworden, schrieb ich als erstes meiner Mutter einen langen Brief. Nach gründlicher Toilette verließ ich, ohne meinen Vermieter zu stören, durch die direkt auf den Treppenabsatz führende Zimmertür das Haus und begab mich zur Russischen Botschaft. Sie befand sich am rechten Seine-Ufer im Hôtel de Lévis, einem Stadtpalais an der Rue de Gramont. Botschafter Iwan Matwejewitsch Simolin war gerade mitten in einer Besprechung, weshalb ich erst nach zweistündigem Warten im Vorzimmer empfangen wurde. Schließlich führte mich ein Sekretär in das Arbeitszimmer Seiner Exzellenz, wo, wie in einem Boudoir im Winterpalast, blaßblaue Seidenstoffe, helle Intarsien und kunstvolle Goldverzierungen dominierten. Voller Beklemmung tat ich einen Schritt nach vorne und verbeugte mich tief vor einem dicklichen Sechzigjährigen mit kurzen Armen, gelockter Perücke und dümmlichen Augen. Obschon über die offiziellen Kanäle seit langem über meine bevorstehende Ankunft unterrichtet, schien ihn mein Anblick keineswegs zu erfreuen. Er bedeutete mir, mich zu setzen, und eröffnete mir dann, daß ihm die Befehle Ihrer Majestät zwar heilig seien, daß ihm aber mehr als genügend Botschaftspersonal zur Verfügung stünde und daß er nicht recht wisse, womit er mich beschäftigen könne. Bitter wurde mir bewußt, daß diese Ernennung nach Frankreich ein Vorwand war, daß die Zarin,

von Mamonow gedrängt, mich abgeschoben und in der Versenkung hatte verschwinden lassen. Enttäuschung und Erniedrigung mußten sich auf meinem Gesicht widerspiegeln, denn Simolin schlug einen freundlicheren Ton an und versicherte mir, mein Gehalt stünde mir ohnehin in voller Höhe zu und, um mir nicht gänzlich unnütz vorzukommen, müßte ich von Zeit zu Zeit Akten studieren oder Schriftstücke abfassen. Er gebot mir sogar, regelmäßig in seinen Amtsräumen vorzusprechen.

Dann erkundigte er sich nach meinen ersten Pariser Eindrücken. Ich gestand ihm, ich sei schockiert über die offene Feindseligkeit des französischen Volks seinem Herrscherpaar gegenüber, worauf er aufbrauste. Entgegen allen diplomatischen Gepflogenheiten brach er vor mir, einem Unbekannten, einem Untergebenen, in eine heftige Haßtirade gegen die Feinde des Königs und der Königin aus, die überdies am Hof ein und aus gingen. Anläßlich seiner häufigen Besuche in Versailles habe er das Ausmaß des Komplotts ermessen können. Er nannte, wie es gerade kam, die Namen hochgestellter Persönlichkeiten, von denen ich noch nie gehört hatte. Wollte man ihm Glauben schenken, dann war der Herzog von Orléans, ein Vetter des Königs, der Anführer dieses schurkischen Spiels. Alles in allem machte sich unser Botschafter über die Zukunft Frankreichs mehr Sorgen als Joseph Proutier. Abschließend erklärte er mir mit flammenden Augen: »Die Franzosen bräuchten nicht einen Ludwig XVI., sondern eine Katharina II.!«

Dann rang er nach Atem, fächelte sich mit einem Spitzentaschentuch Kühlung zu und rief seine Mitarbeiter, um ihnen ihren neuen Kollegen vorzustellen, der zwar nicht an ihrer Seite vor Ort arbeiten würde, sondern gewissermaßen ein externes Botschaftsmitglied sei.

»Wir sind mit dem Leben am Hof von Versailles durchaus vertraut«, meinte er noch zu mir. »Ihr werdet uns über die Stimmung unter dem gemeinen Pariser Volk berichten. Ihr sollt Augen und Ohren offenhalten. Und vergeßt nie, daß Ihr vor allem anderen Russe seid. Das ist ein hoher Wert in diesem Jahrhundert des liberalen Wahns.«

Ich zog mich zurück, beruhigt und ratlos zugleich; mir war, ich hätte für die Dauer eines Besuchs, inmitten der französischen Dissonanzen, mein so braves, so unbewegliches und so würdiges Vaterland wiedergefunden.

In den kommenden Wochen zwang ich mich, als Zeichen meines guten Willens jeden Morgen um zehn Uhr in der Botschaft vorzusprechen; dort plauderte ich mit einem arroganten Sekretär und zog von dannen, ohne daß man mir auch nur eine Akte anvertraut hätte. Den Nachmittag verbrachte ich in Joseph Proutiers Schreibstube, wo ich ihm bei seinen Schreibarbeiten half. Zwischen zwei Briefen tauschten wir ernüchterte Kommentare zur Politik aus. Im September 1786 nahm der Generalkontrolleur der Finanzen Calonne einen neuen Kredit auf. Nach Joseph Proutier gingen die Finanzschwierigkeiten des Königreichs auf die schlechte Verwaltung unter Ludwig XV. zurück, doch nun nahm das Ansehen Ludwigs XVI. Schaden. Der Mann von der Straße seinerseits beschuldigte weiterhin Marie-Antoinette, sie sei zu verschwenderisch und führe ihren Gatten an der Nase herum. Ihr wurden Liebesaffären und verdächtige Kontakte zu ihrer österreichischen Familie unterstellt. Sie wurde verantwortlich gemacht für alle Mißwirtschaft in Frankreich. Zuweilen, wenn ich durch die Straßen von Paris schlenderte, glaubte ich, die knisternde Spannung zu verspüren. Hier war alles, die Dinge wie die Menschen, in ständigem Fluß. Meine Tischnachbarn in der Kneipe, wo ich mich verköstigte, hielten nicht zurück mit lauthals vorgebrachter Kritik an König und Königin. Alle, Bürger wie Beamte, Handwerker wie Arbeiter, wirkten auf mich aggressiv und großspurig. Unzufriedenheit war ihr Beruf, Geschwätz ihr Ventil. Besser als irgend jemand sonst wußten sie, wie das Land zu regieren wäre. Ich vermied es, an derart subversiven Gesprächen teilzunehmen, und beeilte mich abends, nach Hause zu kommen.

Dort stieß ich auf Martial Biseautin, der ebenfalls über die amtierenden Minister wetterte. Doch seine Vorwürfe waren nicht allein gegen die französische Politik, sondern gegen die ganze Welt gerichtet. Ich hatte den Verdacht, er beklage sich über alles und jeden aus Furcht, das Schicksal könnte zuschlagen, sobald er sich zufrieden zeigte. Laut Joseph Proutier war dieser verschrobene Greis ein wahrer Goldsack, besaß in Paris mehrere Häuser, deren Miete er durch seine noch geldgierigere Tochter, Laura Jouhanneau, eintreiben ließ. Sie hatte im vergangenen Jahr ihren doppelt so alten Gatten verloren und lebte an der Rue Saint-Honoré, über einem kleinen Modegeschäft, dessen Besitzerin sie war und das von einer verängstigten und schlecht entlohnten Angestellten geführt wurde. Mehrmals in der Woche besuchte sie ihren Vater, dann führten die beiden mit Zahlen gespickte Gespräche, die ich ungewollt durch die dünne Wand mit anhören mußte.

Es überraschte mich, daß eine so schöne Frau im Ruf stand, so hartherzig zu sein. Sie war groß, biegsam, ihr Haut milchen, ihre grünen Augen verliefen mandelförmig bis zu den Schläfen, und ihr rotblondes Haar umrahmte ihr regloses Gesicht wie eine Flammenkrone. Wie abgemacht, überließ ich ihr mein Bett, wenn sie beschloß, die Nacht im Haus zu verbringen, und begnügte mich dann mit einem zwischen Herd und steinernem Spülbecken auf den Küchenboden gelegten Strohsack. Nicht ein einziges Mal bat sie mich für die durch ihr Kommen verursachten Unannehmlichkeiten um Entschuldigung. Ihr Blick glitt über mich hinweg wie über ein Möbelstück. Sie vermied es, mit mir zu sprechen. Vielleicht bedauerte sie, daß ihr Vater mir dieses Zimmer überlassen hatte. Es hätte mich keineswegs überrascht, wenn sie mir unversehens mitgeteilt hätte, sie und ihr Vater hätten beschlossen, die Miete zu erhöhen.

Die Monate vergingen; auf den regnerischen Herbst folgte ein eisiger und trockener Winter, der mich an Rußland gemahnte. Ich schlotterte in meiner Kammer, die ein kümmerlicher gußeisener Ofen kaum zu erwärmen vermochte, und meine Beziehungen zu Martial Biseautin und dessen Tochter blieben oberflächlich. Das untätige und einsame Leben wurde mir zur Gewohnheit, und ich litt nicht einmal darunter, daß in der Botschaft keinerlei Aufgabe auf mich wartete. Ich begab mich nur noch dorthin, um einige Zeitungen, einige zufällig während eines Spaziergangs erstandene Schmähschriften abzugeben, um die Briefe an meine Mutter und meine Bekannten in St. Petersburg zu übergeben und um einige Informationen darüber zu sammeln, was sich in Versailles anbahnte. Selbstverständlich sandte ich Ihrer Majestät weiterhin von Zeit zu Zeit Berichte über die Lage in Frankreich, wobei Simolin als Zwischenträger diente. Den Gepflogenheiten entsprechend beendete ich meine Briefe mit der Formel: »Euer sehr ergebener und sehr gehorsamer Diener.« In meinem Fall war diese Höflichkeitsfloskel Ausdruck eines echten Gefühls. Ich war wirklich der »sehr ergebene und sehr gehorsame Diener« aller für Rußland tätigen Leute, angefangen bei der Zarin bis hin zum geringsten Botschaftssekretär.

Im Februar 1787 beschloß der König, eine Versammlung von Notabeln einzuberufen. Indes versagten die Herren dem von Finanzminister Calonne unterbreiteten einschneidenden Steuerreformprojekt ihre Zustimmung. Calonne, von Ludwig XVI. bald einmal fallengelassen, mußte zurücktreten. Er hatte sich äußerst unbeliebt gemacht, weil er, so wurde gemunkelt, neue Steuern einführen wollte, um die Staatskasse zu füllen. Sein Sturz löste in der Hauptstadt einen Freudentaumel aus. Auf öffentlichen Plätzen wurde sein Bild verbrannt. An seiner Stelle übernahm Erzbischof Loménie de Brienne, ein Schützling Marie-Antoinettes, die Leitung der Finanzen. Diese Ernennung erfüllte Martial Biseautin mit Genugtuung. Seiner Meinung nach war der neue Minister ein vernünftiger Mann, der die ehrlichen Leute dazu ermutigen würde, sich zu bereichern, anstatt sich mit Bettlern abzugeben. Seine Tochter pflichtete ihm bei. Ich hielt ihnen die Auffassung unseres Botschafters Simolin entgegen, der schwor, allein die erneute Übernahme der Finanzen durch Necker bringe die Rettung. Die beiden lachten mich aus. Vom Tag dieses Gesprächs an, so schien mir, war Laura Jouhanneau endgültig von meiner Unfähigkeit, wenn nicht gar Naivität, überzeugt. Sie behandelte mich, inzwischen zweiunddreißig Jahre alt, als wäre ich hinter den Ohren noch nicht ganz trocken. Sie war kaum älter als ich, doch besaß ihr Herz jene Härte und Berechnung, die, so scheint es, die bitteren Früchte der Erfahrung sind.
Wenig später – am 3. Juni 1787 – erlitt Martial Biseautin nach einer allzu üppigen Mahlzeit mit allzu vielen Gläsern Wein einen Kreislaufkollaps. Mit hervorquellenden Augen und röchelndem Atem saß er da; beunruhigt beschloß seine Tochter, die Nacht an seiner Seite zu verbringen. Ich verzog mich also in die Küche, während sie sich in meinem Zim-

mer einrichtete. Gegen zwei Uhr morgens wurde ich von einer Hand auf meiner Schulter energisch wachgerüttelt. Ich setzte mich auf und sah Laura Jouhanneau in einem langen Nachthemd, einen Kerzenhalter in der Hand, mit vor Angst aufgelöstem Gesicht vor mir stehen.

»Schnell, schnell«, flüsterte sie. »Ich brauche Eure Hilfe. Mein Vater hat soeben einen Schlaganfall erlitten.«

Ich streifte meine Kniehose über und stürzte in Martial Biseautins Zimmer. Er lag auf seinem Bett, regungslos, das Gesicht verzerrt, die Augen glasig, Speichelbläschen im Mundwinkel.

»Man müßte ihn zur Ader lassen«, sagte ich.

»Ja, aber wo einen Arzt finden um diese Zeit?«

Sofort kam mir Joseph Proutier in den Sinn. Als einstiger Barbier mußte er sich auf das Aderlassen verstehen.

»Ich besorge einen, Madame«, rief ich aufgeregt. »Bleibt bei Eurem Vater. Ich bin in einer Viertelstunde zurück.«

Im Nu angezogen, hastete ich die Treppe hinunter und begann, die Ellbogen an den Körper gepreßt, durch die schwarze Nacht zu laufen. Der Eingang zum *Ami des cœurs solitaires* war mit Holzläden verrammelt. Mit der Faust schlug ich mehrmals gegen die Bretter. Endlich hörte ich Joseph Proutiers verschlafene Stimme. Ich erklärte ihm, worum es ging. Zehn Minuten später gingen wir eilenden Schrittes in Richtung Rue Garancière.

Laura Jouhanneau empfing uns wie Retter. Erst nahm Joseph Proutier dem Kranken den Puls, dann band er ihm den Arm ab, bat mich, ein Becken in der richtigen Entfernung zu halten, und schnitt mit der Lanzette die Vene auf. Genau in dem Augenblick, da das Blut hervorschoß, zog Laura Jouhanneau erschaudernd die Schultern zusammen und warf mir einen derart kühnen Blick zu, daß ich beinahe das Becken hätte fallen lassen. Was wollte sie mir mit diesem hartnäckig musternden Blick sagen? In ihren Augen lag Freude, Dankbarkeit und ein undefinierbarer Hilferuf. Die Nacht, die Stille, die gelbe Flamme der Kerzen, die flakkernden Schatten an der Wand, die rote Blutlache, die sich im Gefäß ausbreitete, das entstellte Gesicht des Greises, die sanften Formen des unter dem halboffenen Nachthemd hervorschimmernden Busens der Frau, die leise an meiner Seite atmete – alles zusammen verdichtete sich zu einem phantasmagorischen Trugbild, das mich auch noch in der Erinnerung aufwühlt.

Joseph Proutier hatte noch immer eine sichere Hand. Nachdem er den Patienten ordentlich zur Ader gelassen hatte, entfernte er die Binde und legte einen kleinen Verband um die Wunde in der Ellbogenbeuge an. Allmählich entspannte sich Martial Biseautins Gesicht. Sein Mund aber blieb schief und wie leblos. Er versuchte zu sprechen, doch konnte er bloß einige unverständliche Laute stammeln. Seine Augen schlossen sich, sein Atem wurde gleichmäßig.

»Er wird bald schlafen«, flüsterte Joseph Proutier. »Morgen wird es ihm besser gehen. Sonst muß ein Arzt hinzugezogen werden.«

Laura Jouhanneau bedankte sich bei ihm und fragte ihn, wieviel dieser nächtliche Eingriff kosten würde. Doch er lehnte jede Bezahlung ab.

»Ist es unter Nachbarn nicht normal, sich gegenseitig zu helfen?« bemerkte er bloß.

Sie bot ihm ein Glas Malvasier an. Freundschaftlich ließen wir zu dritt die Gläser klingen, unweit des Bettes, wo Martial Biseautin ruhte, die Augenlider geschlossen, regungslos wie ein Toter. Jäh hatte ich den Eindruck, einer diabolischen Zeremonie beizuwohnen.

Ich hatte erwartet, Laura Jouhanneau würde sich, nachdem Joseph Proutier sich verabschiedet hatte, an das Bett ihres Vaters setzen und über ihn wachen, doch sie nahm mich bei der Hand und flüsterte leise: »Kommt!« und zog mich in meine Kammer. Ihr vom Kerzenschimmer beleuchtetes Gesicht war das Gesicht einer liebeshungrigen Frau. Mit einer präzisen Geste ließ sie ihr Nachthemd fallen. Von ihrem stolzen Körper wie geblendet, verharrte ich einen Augenblick wie erstarrt. Dann, noch immer an meinem Glück zweifelnd, umarmte ich den nackten Körper, der sich mir darbot, und bedeckte ihn mit Küssen. Während meine Lippen ihre Haut streichelten, nahm meine Nase den warmen und intimen Körpergeruch einer Blondine wahr. Laura Jouhanneau dämpfte meine Hast, lenkte meine Liebkosungen und seufzte vor Lust, während sie mich taumelnden Schrittes zum Bett führte. Dort stürzten wir uns wie trunken aufeinander. Die Lust ließ uns gleichzeitig erbeben. Nach dem letzten Zittern blieb sie in meine Arme geschmiegt, weich, warm, dankbar, duftend, unterwürfig. Noch nie hatte mich ein derartiges Triumphgefühl überwältigt. Die ganze Welt lag mir zu Füßen, weil dieses Geschöpf, das ich unerreichbar geglaubt, sich mir hingegeben hatte. Hatte sie ihren kranken Vater im angrenzenden Zimmer vergessen, oder war es die tragische Situation, die sie erregt und den Kopf hatte verlieren lassen? War es eine Laune der Wollust oder die Verheißung einer dauerhaften Verbindung, ja einer großen Liebe? Auf dem Höhepunkt meiner Glückseligkeit schwor ich mir leise, mich niemals von ihr zu trennen. Und ich hielt sie fest in meinen Armen, als wolle sich mein Körper von oben bis unten ihre geschmeidigen Rundungen und weichen Furchen einprägen. Ihr leichter Atem streichelte meine Wange. Ihre nackten Füße spielten mit meinen. Un-

vermittelt stieß sie mich von sich und sagte mit einem perlenden Lachen:
»Schon seit langem wollte ich dich. Und du hast nichts gemerkt, du Dummkopf!«

II

Trotz der Bemühungen eines im selben Stadtviertel tätigen Arztes, der erneut zur Ader ließ und alterprobte Heilmittel verschrieb, blieb Martial Biseautin der Gebrauch von rechtem Arm und Bein versagt. Mit zerstörtem Gesicht, verzerrtem Mund und schwerer Zunge war er nur noch ein halber Mensch. Von morgens bis abends mit stumpfsinnigem Gesichtsausdruck in seinem mit olivgrünem Damast bespannten Lehnstuhl sitzend, wurde er nur zum Zeitpunkt der Mahlzeiten etwas munter. Laura fütterte ihn wie einen Säugling mit dem Löffel. Der Brei rann über sein mit weißen Stoppelhaaren übersätes Kinn. Wütend rollte er die Augen, wenn sie sich tadelnd über seine Ungeschicklichkeit lustig machte. Obwohl eine Wirtschafterin für die gröbsten Hausarbeiten da war, war es Laura, die den Kranken zum Nachtstuhl führte. Sie blieb an seiner Seite, während er seine Notdurft verrichtete, sie säuberte ihn und führte ihn schwankend zum Lehnstuhl oder zum Bett zurück. Diese niederen Verrichtungen ekelten sie nicht, ja amüsierten sie vielleicht gar. Ohne Kinder geblieben, übertrug sie ihren unbefriedigten Mutterinstinkt auf den zittrigen Greis.
Sie wohnte nun in der Rue Garancière, um, wie sie sagte, über ihren Vater zu wachen und ihn zu pflegen, in Wahrheit aber, um mit mir zusammenzuleben. Wir schliefen beide

in meiner Kammer. Wenn uns die Lust packte, überließen wir Martial Biseautin seinem Elend und gaben uns nebenan unseren Liebesspielen hin. Die Schamlosigkeit unserer Leidenschaft machte ihn rasend. Seine letzten Kräfte zusammenraffend, ergriff er mit der Linken den Stock und schlug an die Wand. Die wiederholten Schläge stoppten jäh meine Erregung. Doch unter Lauras kundigen Fingern war meine Schwäche bald überwunden. Unter ihren Liebkosungen vergaß ich den Störenfried von nebenan und war erneut der glühende Liebhaber. Laura lachte an meinen Mund und suchte das Spiel zu verlängern, indem sie den Rhythmus meines Körpers auf dem ihren verlangsamte. Sie beherrschte mich gänzlich, obwohl ich glaubte, Herr ihrer Lust zu sein. Benebelt und gleichsam vernichtet, lebte ich nur noch für diese Minuten inniger Verschmelzung in der Hitze der Körper und der Trunkenheit der Liebkosungen.

Einmal befriedigt, kehrten wir zum Alten zurück. Er musterte uns mit ohnmächtigem Haß. In seinem Gesicht mit einer Haut wie Pergament lebten einzig die schielenden und blitzenden Augen. Hätte er uns mit seinen Blicken töten können, er hätte es mit Freuden getan. Er röchelte, die Hände um die Sessellehnen verkrampft, den Hals der zügellosen Tochter entgegengereckt, die es wagte, ihn im Stich zu lassen, um mit seinem Mieter herumzuhuren. Sein Kiefer malmte, und er versuchte zu schimpfen. Aber seinen leblosen Lippen entrang sich lediglich ein gurgelnder Laut. Doch manchmal konnte er ein Wort aussprechen: »Hure«. Dann lachte Laura hellauf und tätschelte ihm die Wangen. Ihre Ungeniertheit ihm gegenüber machte mich verlegen. Ich hätte sie mir verständnisvoller, zärtlicher gewünscht, trotz der Verachtung, mit der er uns aus der Tiefe seines verkrüppelten Körpers überschüttete. Sie umhegte und verhöhnte ihn zugleich. Es mochte ihr gar grausame Befriedigung bereiten, ihn mit ihrer offen zur Schau getragenen Sinnlichkeit zu ärgern. So als bräuchte sie diesen Zeugen und dessen groteske Empörung, um mit mir vollkommen glücklich zu sein.

Schnell flossen die Tage dahin zwischen Krankenpflege, Liebesspiel und jenen träumerisch-sehnsüchtigen Stunden, die auf unsere Umarmungen folgten. Von Zeit zu Zeit ging ich zur Botschaft und verfaßte dort einen an die kaiserliche Kanzlei gerichteten Bericht von überragender Nichtigkeit, den Ihre Majestät wohl nie lesen würde. Zuweilen stieß ich am Eingang auf Simolin. Bei jeder Begegnung wirkte er noch verschlossener und besorgter. Ein junger Sekretär, mit dem ich mich angefreundet hatte, Grigori Strachow, vertraute mir an, unser Botschafter habe sich in den letzten Monaten dem Königspaar angenähert und beschwöre es, Necker wieder in seine Dienste zu nehmen. Inzwischen brodelte es in ganz Paris; Ludwig XVI. hielt ein feierliches Gericht ab, um vom Parlament die Registrierung mehrerer in ganz Frankreich unerwünschter Kredit- und Steuererlasse zu erzwingen. In den Straßen waren Karikaturen zu sehen, die zeigten, wie sich das Herrscherpaar den Bauch vollschlug, während das Volk Hungers starb...

Die Wut des Pöbels steigerte sich, bis Ludwig XVI. Loménie de Brienne widerwillig entließ und erneut Necker berief. Ich glaubte an eine dauerhafte Beruhigung des politischen Lebens in Frankreich und freute mich darüber. Um das Vertrauen seiner Untertanen vollends zurückzugewinnen, beschloß der König, im Frühjahr 1789 die Generalstände einzuberufen. Die Versammlung der aus ganz Frankreich herbeigeeilten schwatzhaften Abgeordneten schien mir geradezu absurd, denn neben dem Klerus und dem Adel tagten zahlreiche Vertreter des Dritten Standes, also die Erzfeinde der Monarchie. Nie, so dachte ich, hätte Katharina II. einen solchen Fehler begangen. Sie teilte ihre Macht mit niemand. Ludwig XVI., zwischen seiner Gemahlin und seinen Ratgebern hin und her gerissen, vergaß seine göttliche Natur, um gelegentlich ein Mensch wie alle anderen zu werden. Doch wie soll einer regieren, der den von unten kommenden Gerüchten ein offenes Ohr leiht? In Wahrheit enttäuschten mich die Franzosen, und ihre chronischen Mißfallensbekundungen interessierten mich immer weniger.

Überhaupt entbehrte für mich alles, was sich außerhalb der vier Wände unserer Wohnung ereignete, jeglichen Sinnes, ja ich möchte beinahe sagen, jeglicher Realität. Was draußen geschah, glitt, ohne mich zu berühren, an mir vorüber. Nicht bloß verdeckte Laura die Welt vor meinen Augen, vielmehr verkörperte und ersetzte sie diese. Als wäre sie, für sich allein, ganz Frankreich. Ja, ein Wort, ein Lächeln, ein Seufzen, ein Blick von ihr waren für mich wichtiger als die Beschlüsse des Königs oder die Unruhe in den Straßen. Wir sprachen nie über Politik. Der Auseinandersetzung der Gedanken zogen wir den Austausch der Körper vor, unserer so wunderbar aufeinander abgestimmten Körper, deren unerschöpfliche Liebesenergien zu entdecken wir nie müde wurden. Doch ab und zu stellte mir Laura Fragen über Rußland. Ich gab ihr jeweils nur widerwillig Antwort. Denn in ihren Armen besaß ich weder Vergangenheit noch Vaterland. Ich wollte alles vergessen, nur den Augenblick auskosten. Doch sie gab nicht auf. Dann erzählte ich ihr von meiner einstigen Arbeit für die Zarin, vom Leben in St. Petersburg, von den Schlittenfahrten im Schnee ... Meine Erzählungen ergötzten sie wie Märchen. Gänzlich von ihr bezaubert, machte ich mir über ihre Wesensart keine Gedanken mehr. War sie sanft oder grausam, ränkesüchtig oder spontan, tolerant oder despotisch, geizig oder großzügig? Solche Fragen bedeuteten mir nichts mehr. Sie *war*, und diese Gewißheit allein machte mich überglücklich. Dennoch erinnere ich mich, daß sie mir eines Nachts, nach dem Liebesakt, atemlos gestand:

»Du weißt, ich liebe das Geld.«

»Weshalb?«

»Ich habe das Gefühl, wenn ich keines mehr hätte, würde ich häßlich.«

»Du kannst nie häßlich werden, du kannst dich nicht verändern, du kannst nicht altern ... du bist ... du bist ewig!«

Lange Zeit schwieg sie. Ich vergrub mein Gesicht in ihrem Hals. Warm und sanft schlug eine Ader unter meinen Lippen. Ich wollte vor Glück zerspringen, als sich im Halbdunkel eine dumpfe Stimme erhob:

»Konstantin, vergiß nie, was du mir eben gesagt hast. Ohne es zu wissen, hast du ein Schicksal besiegelt...«

Unsere Harmonie war derart vollkommen, daß sich Laura nur schwer damit abfinden konnte, daß ich zuweilen wegging. Jedesmal wenn ich sie verließ, um in der Stadt zu flanieren, seufzte sie:

»Muß das sein?«

Selbstverständlich wurden meine Besuche beim *Ami des cœurs solitaires* seltener. Doch eines Tages, als ich die Schreibstube in der Rue des Canettes aufsuchte, sagte Joseph Proutier mit besorgter Stimme zu mir:

»Mein lieber Konstantin, ich befürchte, Ihr lauft geradewegs in Euer Unglück.«

»Was wollt Ihr damit sagen?«

»Hütet Euch vor dieser Frau! Sie hat zuviel Macht über Euch.

Ihr habt Euch verändert, seid nur noch ein Schatten Eurer selbst. Laßt mich Euch eine andere Bleibe finden, weit weg von hier...«

Über so viel Unverständnis empört, ereiferte ich mich:

»Für nichts auf der Welt! Ich liebe Laura. Ich kann nicht mehr ohne sie leben!«

»Genau das macht mir angst.«

»Ihr kennt sie nicht!«

»O doch! Und das seit langem! Ihren alten Ehemann hat sie ausgenommen, und er ist darüber vor Gram gestorben; sie hat viele Liebhaber gehabt: alle wurden mehr oder weniger betrogen und von ihr in den Ruin getrieben; vor drei Jahren hat einer von ihnen Selbstmord begangen...«

»Das ist mir vollkommen egal! Ich pfeife auf Lauras Vergangenheit. Heute ist sie anders, sie ist wie neugeboren, sie hat keine Geheimnisse vor mir, sie gehört mir mit Leib und Seele. Wenn Ihr mit Euren schändlichen Verleumdungen fortfahrt, dann seht Ihr mich nicht wieder!«

Joseph Proutier lächelte ernüchtert und murmelte:

»Schon gut, schon gut, reden wir von etwas anderem. Habt Ihr in den letzten Tagen die Zeitungen gelesen?«

»Nein.«

»Seid Ihr zur Botschaft zurückgekehrt?«

»Nein.«

»Wißt Ihr, daß die Vertreter des Dritten Standes dem König die Stirn geboten, sich zur »Nationalversammlung« erklärt und, im Saal des *Jeu de Paume* versammelt, beschlossen haben, erst dann auseinanderzugehen, wenn sie Frankreich eine Verfassung gegeben haben?«

»Nein.«

»Aber wo lebt Ihr denn?«

»Es gibt im Leben anderes als bloß Politik!«

»Konstantin, besinnt Euch doch ... Ich spreche wie ein Vater zu Euch...«
»Und ich antworte Euch wie ein erwachsener Sohn, der frei über sein Schicksal zu bestimmen gedenkt. Jeder Mann würde mich um mein Glück beneiden. Ihr, Ihr habt es darauf abgesehen, es zu zerstören. Unter diesen Umständen ist es besser, wenn wir miteinander brechen!«
Ich wandte mich der Tür zu. Joseph Proutier holte mich ein. Voller Kummer sah er mich an und streckte mir die Hand hin. Konnte ich sie ausschlagen? Mit einem Mal stieg in mir die Erinnerung an meine Kindheit auf. Ich schämte mich meiner aufbrausenden Worte einem Mann gegenüber, der mir nur Gutes wollte. Mit erstickter Stimme stammelte ich:
»Auf Wiedersehen.«
Er dankte mir mit einem Lächeln. Eine Kundin betrat das Lokal. Ich ging. Joseph Proutier saß hinter seinem Tisch, die Feder in der Hand, die Augen voller Tränen.
Nach dieser albernen, aber harschen Kritik an unserer Liebe hatte ich es eilig, Laura wiederzusehen. Als ich zurückkam, saß sie am Bett ihres Vaters und las ihm aus einem Almanach vor. Er hörte ihr gar nicht zu, tief in die Kissen gedrückt, den Kopf gegen die Schulter gedreht, der Mund schlaff und feucht. Bei meinem Anblick erhob sie sich vom Stuhl, musterte mich und fragte dann betont ungezwungen:
»Nun, du hast Joseph Proutier getroffen?«
»Ja.«
»Worüber habt ihr gesprochen?«
»Über alles und nichts... Er macht sich Sorgen über die Politik...«
Ich konnte nicht gut lügen. Zwischen uns herrschte Schwei-

gen. Laura musterte mich aufmerksam. Mit ihrem durchbohrenden Blick brachte sie alles an den Tag. Wie einst Katharina II. Nur eine Zarin oder eine Hexe, so durchzuckte es mich, konnte in dieser Weise in mein Hirn eindringen und sich des langen und breiten in meinen geheimsten Gedanken ergehen. Unvermittelt fragte sie widerstrebend:
»Weiß er über uns Bescheid?«
Ich konnte es nicht leugnen.
»Er ahnt etwas«, stotterte ich.
»Was sagt er dazu?«
»Er ... er freut sich sehr für mich...«
»Bist du sicher?«
»Ja, ja...«
Ich verfing mich in einem Lügengespinst, auf das sie nicht hereinfiel. Einige Sätze Joseph Proutiers kamen mir in den Sinn. Beinahe hätte ich ihm nachträglich Glauben geschenkt. Doch schon lächelte mich Laura mit entwaffnender Koketterie an:
»Ich mag Joseph Proutier«, meinte sie. »Er hat etwas überholte Vorstellungen, aber er ist ein ausgezeichneter Mann. Leider neigt er dazu, sich in die Angelegenheiten anderer Leute einzumischen. In seinem Leben gibt es nichts und niemand; darüber tröstet er sich hinweg, indem er sich ins Leben seiner Nachbarn einmischt, auf die Gefahr hin, alles zu verderben. Wer um diese kleine Schwäche weiß, der kann ihr Rechnung tragen, nicht wahr, Konstantin?«
»In der Tat«, murmelte ich, wie bei einem Fehler ertappt. Ich fühlte mich dieser vor Selbstsicherheit strotzenden Frau gegenüber dermaßen hilflos und verwundbar, daß ich sie um Vergebung bitten wollte. Doch wofür? Daß ich einen Freund hatte, der sie nicht mochte? Daß ich bei ihm geblieben war, obwohl ich schon nach seinen ersten Worten die

Flucht hätte ergreifen sollen? Daß ich es gewagt hatte, für den Bruchteil einer Sekunde an der Aufrichtigkeit von Lauras Liebe für mich zu zweifeln? Ich begriff, daß allein ihre Küsse mir inneren Frieden bringen konnten. Ich wollte sie umarmen, mit ihr in unsere Kammer gehen. Doch sie entzog sich mir mit der Geschmeidigkeit einer Natter.

»Nein«, sagte sie, »nicht jetzt.«

»Weshalb?«

»Ich habe meine Gründe.«

»Also später?«

»Wir werden sehen...«

Ihr Vater durchbohrte uns mit seinen Blicken, stumm, starr, unverrückbar. Ich erahnte sein inneres Hohngelächter angesichts meiner Bestürzung. Laura setzte sich wieder an sein Bett und las ihm eine weitere Seite aus dem Almanach vor. Er hörte zu; er hatte seine Tochter wiedergefunden; er triumphierte über einen verhaßten Rivalen. Da zog ich mich in unsere Kammer zurück, um einige Briefe zu schreiben. Schon allzu lange hatte ich meine Mutter ohne Nachricht gelassen. Doch ich brachte keine Zeile zu Papier. Mein Kopf war leer und dröhnte, meine Haut glühte vor Ungeduld. Ich hätte an Martial Biseautins Platz liegen wollen, während Laura mir vorlas. Selbst halb gelähmt, wäre ich, so kam es mir vor, weniger zu bedauern gewesen als jetzt.

Mehr als zwei Wochen verweigerte sie sich mir ohne die leiseste Erklärung. Nachts durfte ich in unserem Bett liegen, vorausgesetzt, so meinte sie, ich verhielte mich vernünftig. Überglücklich über diese Toleranz, durchlitt ich zwischen den Laken die Folter einer Versuchung, die mich in fiebrige Erregung versetzte. Reglos, angespannt, schwelgte ich in ihrer lauen Weiblichkeit, atmete ihren Moschusduft ein, doch sobald ich mich ihr zu nähern versuchte, stieß sie mich brüsk zurück. Tagsüber versuchte ich vergeblich, ihren Blick zu erhaschen, wie ein Bettler bewegte ich mich in ihrem Schatten, half ihr bei den Hausarbeiten, ohne daß ein Wort des Dankes über ihre Lippen gekommen wäre. Je mehr sie mich übersah, desto mehr begehrte ich sie. Ich war ihr Knecht, ihr treuer Hund. Mehrmals befahl sie mir, an ihrer Stelle dem Vater das Essen einzuflößen, ihn zu waschen, ihn anzukleiden. Während ich diese abstoßenden Verrichtungen erledigte, las ich in den Augen des Alten dumpfe Rache, in ihren Augen hingegen die spöttische und lasterhafte Fröhlichkeit einer Frau, die sich über den tiefen Fall ihres Geliebten amüsiert.

Die Julihitze hatte sich über die Stadt gelegt. Staubige und schwüle Luft drang durch die offenen Fenster ein. Laura trug nur noch Mieder aus durchsichtigem Voile, und wenn sie an mir vorbeiging, dann war mir, als verströme sie nun ein persönlicheres und aufdringlicheres Parfüm denn während der kalten Jahreszeit. Von dieser Üppigkeit überwältigt, schwitzte ich, erregte mich ins Leere, kämpfte gegen den Drang, mich lustvoll in diese frische Fleischesfrucht zu verbeißen. Schließlich beschloß Laura, meine Buße habe lange genug gedauert. Hatte ich die Prüfung nicht mit lobenswerter Fügsamkeit erduldet? Wieder in ihrer Gunst stehend, hatte ich Anrecht auf die Belohnung.

Eines Morgens, sie hatte ihren Vater wie üblich hergerichtet, bedeutete sie mir, ihr zu folgen. Wir fanden uns in der Kammer wieder. Wie beim ersten Mal begann sie sich unvermittelt zu entkleiden. Und wie beim ersten Mal bewunderte ich Fülle und Grazie dieses Körpers, der sich vor mir mit ruhiger Anstößigkeit entblößte. Nur eine ihrer Schönheit vollkommen gewisse Frau konnte die Raffinessen des Liebesspiels derart unverfroren mißachten. Ich hatte gemeint, sie zu kennen, doch nun entdeckte ich sie plötzlich wie neu, durch die mir auferlegte Enthaltsamkeit bereichert. Trotz der in meinem Kopf schwirrenden Erinnerungen hatte ich das Gefühl, eine Unbekannte zu besitzen.

Unsere Liebkosungen waren raffiniert und stürmisch, unterbrochen von zärtlichen Pausen. Ich begriff, daß sie wie ich unter dieser langen Zeit der Keuschheit gelitten hatte. Mich bestrafend, hatte sie sich selbst bestraft. Doch es war das Vorspiel einer köstlichen Wiedervereinigung. Hatte ich sie vorher der Kälte angeklagt, so beglückwünschte ich mich nun zu dieser feinsinnigen Strategie. Trotz der Stockschläge ihres Vaters gegen die Wand verbrachten wir den ganzen Nachmittag im Bett. Eng aneinandergeschmiegt hatten wir die Welt vergessen. Der Geruch unserer vereinten und feuchten Körper berauschte uns. Von der Straße drang Festlärm empor: Singen, Schreien, das Knallen von Petarden. Unsere Neugier reichte nicht, uns ans Fenster zu locken. Unser Bett war der Nachen, in dem wir von den Menschen, vom Jahrhundert wegtrieben.

Um sieben Uhr abends jedoch gingen wir erschöpft, verwirrt und glücklich aus dem Haus, um frische Luft zu schöpfen. Eine lärmende Menge drängte sich auf dem Kirchplatz von Saint-Sulpice. Die Menschen lachten, riefen einander zu, ohne sich zu kennen, schwenkten im Freudentaumel ihre Hüte und Stöcke. Ich fragte einen Passanten nach dem Grund dieser überbordenden Stimmung.

»Wie, Ihr wißt von nichts?« rief er erstaunt. »Das Volk von Paris hat soeben die Bastille gestürmt!«

Diese Neuigkeit war wohl überraschend, doch schien sie mir den ganzen Tumult nicht wert. Und auch Laura nicht. Sie wollte ihren Vater nicht allzu lange allein lassen. Nach einem kurzen Rundgang im Viertel kehrten wir nach Hause zurück, um das Essen des Kranken vorzubereiten. Er verschlang seinen Brei mit großen Appetit. Wir aßen an einem Tischchen neben dem Bett, wo er lag, ein lächerlicher Hampelmann, mit leeren Augen und pfeifendem Atem. Dann flüchteten wir uns in unsere Kammer.

Während wir uns liebten, wurde die Stadt immer lauter und lärmiger. Es fielen sogar einige Schüsse. Die Glocken läuteten. Ich schloß das Fenster, um die Welt auszusperren, deren sinnlose Erschütterungen uns nichts angingen.

III

Der Sturm auf die Bastille wirkte auf mich wie ein unter dem Druck der stürmischen Fluten brechender Damm. Indem das Volk sich den Zutritt zur alten Zitadelle erzwang, befreite es nicht ein halbes Dutzend verblüffte Gefangene, sondern Frankreich. Von einem Tag auf den anderen wurde alles bisher Verbotene möglich. Ludwig XVI. willigte ein, sich ins Rathaus zu begeben, er trug in der Öffentlichkeit einen mit der blau-weiß-roten Kokarde geschmückten Hut; die Nationalversammlung, von egalitärer Begeisterung erfaßt, beschloß die Abschaffung der Feudalrechte und erarbeitete, nach dem Beispiel Amerikas, eine großherzige »Erklärung der Menschen- und Bürgerrechte«; die Menge, über die Preissteigerungen erbittert, belagerte die Bäckereien; eine Horde zeternder Frauen marschierte, nachdem sie ein Waffenlager geplündert hatte, auf Versailles, drang ins Schloß ein und forderte vom Herrscherpaar den endgültigen Umzug nach Paris, wo es einfacher zu überwachen war; unter der Drohung ergaben sich Ihre Majestäten in ihr Schicksal, folgten den wütenden Frauen und ließen sich inmitten des Pariser Tumults in den Tuilerien einquartieren. Begleitet wurden diese spontanen Demonstrationen von zahlreichen Reden, zu sehen waren auch einige Revolutionäre mit Spießen, auf denen blutige Köpfe steckten. Kein Zweifel, der

Gang der Ereignisse hätte mich erschüttert, wäre ich meiner Geliebten nicht in blinder Leidenschaft ergeben gewesen. Doch ich weigerte mich, für die anderen Unglück zu befürchten, während ich selbst vollkommen glücklich war. Laura hingegen schien sich von Tag zu Tag mehr für Politik zu interessieren. Manchmal las sie die Zeitungen und diskutierte die Nachrichten mit mir. Der Drang, am unruhigen Treiben ihrer Landsleute teilzunehmen, erfaßte sie in den ungewöhnlichsten Augenblicken: im Bett, gleich nach dem Liebesspiel; während eines intimen zärtlichen Gesprächs, bei Tisch, während wir Auge in Auge eine von ihr zubereitete Mahlzeit genossen... Wie die meisten Pariser war sie der Meinung, die Revolution sei zu Ende, Ludwig XVI. habe die Sehnsüchte seiner besten Untertanen verstanden, und für Frankreich eröffne sich eine neue, ganz auf Gerechtigkeit und Brüderlichkeit beruhende Ära.
Ich tat, als glaubte ich ihr, konnte jedoch nicht vergessen, daß Simolin und seine Kreise völlig anderer Meinung waren. Jedesmal, wenn ich mich zur Botschaft Rußlands begab, vernahm ich Kommentare, die mich erstarren ließen. Laut Simolin hatte der König, sich dem Druck des Pöbels beugend, gegen seine dynastischen Pflichten verstoßen; diese erste Kapitulation würde die Gelüste seiner Gegner keineswegs stillen, sie vielmehr zu immer neuen Forderungen anstacheln. Die Monarchie, so meinte der Diplomat, könne in einer Atmosphäre des Kompromisses nicht überleben. Sie sei nicht für halbherzige Maßnahmen geschaffen. Mit dem Versuch, zu verstehen, zu teilen und zu verzeihen, verleugne sie sich selbst und werde mit Leib und Seele in der Masse untergehen. Gewiß, Mirabeau war ein brillanter Volkstribun und La Fayette ein General von vorbildlicher Loyalität, doch sei es nur eine Frage der Zeit, bis beide von der Bande

kümmerlicher Neidhammel, die in der Nationalversammlung saßen, hinweggefegt würden.

Diese Worte tönten noch in meinen Ohren, als ich nach Hause zurückkehrte. Ich wiederholte sie Laura, die heftig protestierte:

»Dein Simolin hat keine Ahnung, weder von Frankreich noch von den Franzosen! Er sieht alles als getreuer Untertan Katharinas II. Bei euch, da kann es ja nur eine despotische Regierung geben; bei uns, da ist das anders: unsere Philosophen haben die Köpfe vorbereitet auf die Notwendigkeit eines weisen Gleichgewichts zwischen jenen, die regieren, und jenen, die gehorchen; sie haben bewiesen, daß Ordnung und Freiheit nicht unvereinbar sind; sie haben nachgewiesen, daß jeder, vom Geringsten bis zum Höchsten, auf dieser Erde Anrecht auf Glück hat...«

Als ich sie so reden hörte, meinte ich, sie wiederhole einen am Vorabend gelesenen Zeitungsartikel. Doch war sie so reizvoll in ihren Überzeugungen, daß ich zutiefst aufgewühlt war. Ich wollte ihr recht geben, recht geben gegen Simolin, ja ich möchte beinahe sagen, gegen mich selbst. Ich fühlte mich mehr Franzose denn Russe. Auch ich hatte die Bastille gestürmt und dem König applaudiert, weil er eine blau-weiß-rote Kokarde an seinen Hut geheftet hatte. Selbstverständlich war ich neugierig zu erfahren, wie Joseph Proutier über die Ereignisse dachte. Doch unsere Beziehungen waren brüsk abgebrochen. Seit seinem heftigen Ausfall gegen Laura vor einigen Monaten hatte ich ihn nicht mehr gesehen. Und auch er hatte den Kontakt mit mir nicht gesucht. Wenn ich an ihn dachte, was häufig geschah, dann wiederholte ich mir stets, ich sei auf seine Ratschläge keineswegs angewiesen. Laura war für mich der Freund, der Vertraute, der Leitstern... Sie hatte ohnehin kaum Bekannte und stellte mich niemandem vor. Hatte sie angst, ich würde mich in eine andere Frau verlieben oder eine von ihr nicht zu kontrollierende Männerfreundschaft schließen? Sie hielt mich unter einer Glocke wie eine allein zu ihrem Verzehr bestimmte Nahrung. Und ich war so sehr in sie verliebt, daß ich mich über dieses ständige, ausschließliche und stürmische Beisammensein keineswegs beklagte. Am meisten amüsierte mich, daß sie trotz der zarten Sinnenlust unserer Beziehungen nie vergaß, am Ende des Monats die Miete von mir einzufordern.

Beinahe ein Jahr verging so in vollkommener Harmonie der Gefühle und in relativem sozialen Frieden. Die Franzosen handelten nicht mehr, sie redeten. Sie redeten unablässig in der Nationalversammlung, in den Klubs, im Palais Royal, in den Cafés, auf der Straße... Ich sagte mir, wenn Rußland das Land des Schweigens sei, dann sei Frankreich das Land der Geschwätzigkeit. Der Flut der Reden entsprach die Flut der Assignaten, des Papiergelds der Französischen Revolution, für das die beschlagnahmten Güter als Deckung dienten. Die Kirchengüter gingen an die Nation, während die Priester sozusagen zu Beamten der Moral gemacht wurden. All dies belastete Lauras Gewissen nicht, denn einerseits hatte sie keinen Glauben, andererseits hatte sie Vertrauen in die neuen Geldscheine, waren sie doch durch das gewaltige kirchliche Erbe gedeckt, dessen Säkularisierung eben beschlossen worden war. Dennoch zog sie es vor, von ihrem Mieter in klingender Münze bezahlt zu werden.

Eines Abends in den ersten Julitagen des Jahres 1790 – sie war gerade dabei, ihren über Kopfschmerzen klagenden Vater mit meiner Hilfe zu Bett zu bringen – war an der Haustür ein schwaches Klingeln zu hören. Ich öffnete und sah mich Joseph Proutier gegenüber. Vor Staunen verschlug es mir die Sprache.

»Schon seit langem muß ich auf Eure Besuche verzichten, mein lieber Konstantin«, sagte er zu mir. »Deshalb habe ich beschlossen, den ersten Schritt zu tun. Wollt Ihr mich einlassen?«

»Selbstverständlich«, stotterte ich.

Beunruhigt fragte ich mich, wie Laura auf den Eindringling reagieren würde, der es wagte, sich über ihre Abneigung hinwegzusetzen. Doch kaum hatte ich Joseph Proutier in den Salon geführt, schwanden meine Befürchtungen. Laura begrüßte ihn mit irritierender Beflissenheit. Scheinbar hatte sie vergessen, wie schlecht er über unser Verhältnis dachte. Freundlich, liebenswürdig und ungezwungen gab sie ihm mit wenigen Worten zu verstehen, die Liebe hätte uns egoistisch gemacht und wir zögen uns seit geraumer Zeit von der Welt zurück, um mehr voneinander profitieren zu können; er aber habe recht getan, uns zu stören, denn obwohl wir ihn nie besuchten, sprächen wir häufig voller Sympathie von ihm. Ich bewunderte, mit welcher Leichtigkeit sich diese Frau in ihrem Lügengespinst bewegte, so wie ich die Schritte eines Seiltänzers über dem Abgrund bewundert hätte. Doch war sie vielleicht aufrichtig? Vielleicht war sie heute tatsächlich der Auffassung, Joseph Proutier übe einen positiven Einfluß auf mich aus? Bei ihr konnte ich Wahrheit und Lüge nicht unterscheiden. Ihre melodiöse Stimme hätte genügt, mich von irgend etwas zu überzeugen. Selbst Joseph Proutier schien bezaubert. Er erkundigte sich nach dem Zustand »seines« Kranken, begrüßte ihn auf seinem Lager, beglückwünschte ihn zu seinem gesunden Aussehen und nahm dankend die von Laura angebotene Tasse Schokolade an. »Ein kostbares Getränk in dieser Zeit des Mangels«, meinte er.

Im Salon sitzend, plauderten wir ungezwungen über alles,

was sich seit unserer letzten Begegnung in Paris ereignet hatte. Zu meiner Überraschung teilte Joseph Proutier in vielen Punkten Lauras Optimismus. Wie sie war er der Meinung, es sei die Rettung der Monarchie gewesen, daß sich der König bereit erklärt habe, seine Macht mit der Nation zu teilen. In ihrem Gespräch fielen die Namen von Mirabeau, La Fayette und Talleyrand, als böten sie Gewähr für eine strahlende Zukunft. Hingegen mißtrauten sie Marie-Antoinette, die – davon waren sie überzeugt – den König daran hinderte, seinen Untertanen noch mehr entgegenzukommen. Am 14. Juli 1790 sollte auf dem Champ-de-Mars, vor der Militärakademie, in einem grandiosen Festakt des Sturms auf die Bastille gedacht werden. Ihre Majestäten hatten ihre Teilnahme zugesagt. Laut Joseph Proutier sollte das feierliche Geschehen Ausdruck der endgültigen Versöhnung von Volk und Herrscher sein. Er forderte uns auf, mit ihm am Föderationsfest teilzunehmen.
»Soviel ich gehört habe, wird es ein großartiges Schauspiel werden«, betonte er. »Tausende von Föderierten werden aus allen Provinzen Frankreichs herbeiströmen. Unter freiem Himmel wird eine Messe gefeiert werden...«
Laura zollte der Idee einer nationalen Verbrüderungsfeier begeistert Beifall. Obwohl ich Menschenansammlungen haßte, erklärte ich mich ebenfalls bereit, mich am kommenden 14. Juli zum Champ-de-Mars zu begeben.
An diesem Tag kleidete sich Laura mit äußerster Sorgfalt, als wäre sie es, die von Frankreich geehrt werden sollte. Über ihrem geblümten Baumwollkleid hatte sie einen roten Gürtel mit blau-weiß-roten Fransen geknotet. Ein kleiner, ebenfalls roter Federbusch zierte ihre halbrunde Haube aus schwarzer Gaze. Am Finger trug sie einen goldenen Staatsbürgerring, wie ihn alle Goldschmiedewerkstätten verkauf-

ten, mit der folgenden Devise im weißen Email: *La Nation, la Loi, le Roi.* Lächelnd dachte ich daran, daß in diesem Land jede politische Umwälzung eine Fülle von Kinkerlitzchen hervorbrachte. Auf Lauras Bitte hin willigte ich ein, mir eine Kokarde an den Hut zu stecken.

Am frühen Morgen holte uns Joseph Proutier ab. Nachdem wir den Kranken der Obhut der Wirtschafterin übergeben hatten, brachen wir auf. Noch nie hatte ich so viele Leute in den Straßen gesehen. Alle Passanten hatten ihre Kleider mit blau-weiß-roten Bändern geschmückt. Einige Nationalgardisten strebten eilig dem Versammlungsort zu. Schmetternde Trompeten und wirbelnde Trommeln gaben jedem das Gefühl, einem siegreichen Heer anzugehören. Wir gingen nicht, wir wurden von der wogenden Menge mitgerissen.

Als wir auf dem Champ-de-Mars ankamen, wurden wir Teil einer unüberschaubaren Menschenmasse. Die meisten Leute hatten Vorratskörbe mitgebracht. In Erwartung des offiziellen Umzugs tranken und aßen sie auf dem Platz. Es war ein gewaltiges ländliches und heiteres, chaotisches und patriotisches Gelage. Die Vertreter der verschiedenen Korporationen hielten Fahnen mit rachsüchtigen Inschriften hoch: *Frei leben oder sterben! Zittert, Aristokraten!* Die aufgeregte Menge sang das Revolutionslied *Ça ira!* Die Jüngeren bildeten Farandolen und stampften lachend durch das dünne und schmutzige Gras. In den Gesprächen, die mir inmitten des allgemeinen Geschreis zu Ohren kamen, hörte ich, daß man sich nun nicht mehr mit *Monsieur* oder *Madame,* sondern ostentativ mit *Citoyen* oder *Citoyenne* ansprach. Diese neue Mode, an die sich die Franzosen hielten aus Angst, sie könnten als Befürworter des Ancien Régime gelten, wirkte auf mich unsäglich lächerlich. Laura hingegen unterzog sich

ihr mit Freuden. Sie war so stolz, eine Frau ihrer Zeit zu sein.
Wir gebrauchten unsere Ellbogen, um bis in die vordersten Reihen vorzudringen. Doch bald stoppte uns eine Wand feindseliger Rücken. Es war kein Weiterkommen, und wir hatten uns damit abzufinden, daß wir die Tribüne nur von weitem sehen konnten. Schließlich nahm Ludwig XVI., aschfahl und schmerbäuchig, in Begleitung der königlichen Familie auf einem violetten Thron Platz. Die Föderierten bildeten mit ihren Bannern das Ehrenspalier. Die Zuschauer brachen in Hochrufe aus, um General La Fayette zu begrüßen, der elegant und schlank auf seinem tänzelnden Schimmel daherritt. Ein leichter Gewitterregen ergoß sich unerwartet über uns, während das Orchester eine den Umständen angepaßte, gemessene und ernste Musik spielte. Laura hatte zur Vorsicht einen Regenschirm mitgebracht. Wir drängten uns an sie. Dann strahlte wieder die Sonne, und die Menge stieß ein befriedigtes »Ah!« aus.
Um einen eigens zu diesem Anlaß errichteten Altar versammelten sich einige Geistliche. Bischof Talleyrand von Autun, die Mitra auf dem Kopf, zelebrierte die Messe, segnete den König, die Königin, die Königskinder und das Volk Frankreichs. Von Zeit zu Zeit ergoß sich ein Platzregen über uns und versprengte die Menge. Im nächsten Augenblick war der Himmel wieder klar, und die Geflüchteten kehrten lachend zurück. Verglichen mit unseren prachtvollen orthodoxen Feiern erschien mir die anschließende Messe banal, der klägliche Chorgesang enttäuschend. Kaum war Stille eingetreten, erklomm La Fayette mit blankem Degen die Altarstufen und schwor mit fester Stimme der Nation, dem König und dem Gesetz die Treue. Kanonendonner begrüßte diese edlen Worte, und die Deputierten ihrerseits riefen

einer nach dem anderen: »Ich schwöre es!« Mit ihnen wiederholte die elektrisierte Menge: »Ich schwöre es! Ich schwöre es!« Laura und Joseph Proutier stimmten in dieses disharmonische Konzert ein. Mein Schweigen quittierten die Umstehenden mit scheelen Blicken. Konnte ich ihnen erklären, daß ich Russe war und daß mich folglich die ganze Geschichte nichts anging? Um nicht aus der Reihe zu tanzen, schrie auch ich: »Ich schwöre es!«

Die Begeisterung erreichte ihren Höhepunkt, als Ludwig XVI., den Hut in der Hand, die Augen zum Himmel erhoben, schwor, die kürzlich verabschiedete Verfassung beizubehalten und der Einhaltung des Gesetzes Achtung zu verschaffen. Tosender Beifall verdankte diese Unterwerfung unter den Volkswillen. Zu weit von der Tribüne entfernt, konnte ich die Gesichtszüge von König und Königin nicht genau erkennen. Doch sie wirkten traurig und erschöpft. Plötzlich packte Marie-Antoinette, von einer glücklichen Eingebung erfaßt, den kleinen Thronfolger mit beiden Händen und streckte ihn in die Höhe, um ihn der Menge zu präsentieren. Erneut brandete Beifall auf:

»Es lebe die Königin! Es lebe der Dauphin! Es lebe der König!«

Genau in diesem Augenblick sagte ich mir, daß Simolin unrecht hatte, daß das Volk seine Herrscherfamilie noch immer liebte und daß Frankreich geeint, gestärkt aus einer zwar schrecklichen, aber zweifellos notwendigen Prüfung hervorgehen würde. Rund um mich fielen sich Unbekannte, mit Tränen in den Augen, in die Arme. Von ihrer Überschwenglichkeit angesteckt, hielt ich Laura an meine Brust gedrückt, bedeckte ihre Wangen mit Küssen und umarmte Joseph Proutier brüderlich.

Langsam zerstreute sich nun die Menge, von bürgerlichen

Gefühlen berauscht. Unter den Zuschauern machte die Nachricht die Runde, auf dem Platz der Bastille werde zur Zeit getanzt. Neugierig begaben wir uns dorthin, gezwungenermaßen halb Paris durchquerend. Dort angekommen, empfing uns wieder der Geruch der Speisen und das Gedränge. Der patriotisch gesinnte Unternehmer, der den Abbruch der Bastille besorgte, hatte die Trümmer der einstigen Festung weggeräumt. Hier und dort ragten Masten in die Höhe, gekrönt mit Oriflamme und Phrygischer Mütze. Unter freiem Himmel spielte ein Orchester dort zum Tanz auf, wo sich zuvor die schreckenerregenden Gefängnismauern erhoben hatten. Laura schlug vor, uns unter die Menge zu mischen. Etwas am Rande stehend, sah Joseph Proutier zu, wie wir am allgemeinen Rummel teilnahmen. Begriff er endlich, wie schwer er sich mit seiner Warnung vor Laura getäuscht hatte?

Am frühen Abend kehrten wir nach Hause zurück. Die Wirtschafterin war bereits gegangen. Martial Biseautin verharrte wütend in seinem stummen Zorn, weil er seinen Brei noch nicht bekommen hatte. Laura lud Joseph Proutier zum Abendessen ein. Nach Einbruch der Dunkelheit stellten wir uns ans Fenster, um das Feuerwerk zu bewundern. Das Fest fand am Himmel und in unseren Herzen zugleich statt. Ich hielt Laura um die Taille gefaßt. Unsere Wangen berührten sich. Joseph Proutier murmelte:

»Wie schön! Wie gut!«

Ich wußte nicht, ob er von Laura und mir sprach oder von den buntfarbenen Sternen, die über unseren Köpfen zerbarsten. Als unser Freund uns verlassen hatte, sagte Laura mit einem rätselhaften Lächeln zu mir:

»Von nun an kannst du ihn besuchen. Er ist nicht mehr gefährlich.«

IV

Trotz Lauras Aufforderung sah ich Joseph Proutier nur noch selten und überdies, wie ich gestehen muß, ohne besonderes Vergnügen. Mir schien, der Altersunterschied zwischen uns hindere uns daran, einander zu verstehen. Hingegen ging ich eifrig zur Botschaft, um dort aus zuverlässiger Quelle Informationen zu erhalten. Erst kürzlich hatte die Zarin Simolin angewiesen, die wenigen in Frankreich lebenden Russen genau zu überwachen und die jüngeren unter ihnen aufzufordern, in ihre Heimat zurückzukehren, um nicht vom republikanischen Gedankengut angesteckt zu werden. Selbstverständlich betraf dieser Befehl mich nicht. Dennoch gewann ich in einem offenen Gespräch mit meinem Freund, Sekretär Grigori Strachow, den Eindruck, meine Situation in Paris sei ungewisser als zuvor. Seiner Meinung nach war unsere Botschaft in den Augen der verbissensten Vertreter der Gesetzgebenden Nationalversammlung ein Spionagenest, einzig darum bemüht, den König und die Königin zur Festigkeit anzuhalten. Unter dem Siegel der Verschwiegenheit teilte er mir zudem mit, Simolin setze seine ganze Hoffnung auf Mirabeau, der allein fähig sei, die Franzosen zur Vernunft zu bringen; zudem denke der Botschafter daran, die Dienste Talleyrands zu kaufen. Kurz, im verborgenen war Seine Exzellenz äußerst aktiv, und diese verwickelten

Intrigen ließen mich um meine eigene Zukunft bangen. Allmählich wurde mir bewußt, daß mein Glück nicht mehr allein von der Gunst einer Frau abhing, sondern vom dunklen Kampf um politische Interessen in einem mir fremden Land.

Vor Laura indes ließ ich mir nichts anmerken von den Befürchtungen, die sich nach diesen Besuchen im Stadtpalais an der Rue de Gramont jeweils meiner bemächtigten. Jeder Besuch erlaubte es mir, die französische Sicht der Dinge mit der russischen zu vergleichen, was zuweilen zu ungeahnten Einsichten führte.

Wie als Bestätigung dafür, daß meine Verwirrung berechtigt war, überstürzten sich nach einer Zeit relativer Ruhe die Ereignisse in der Stadt. In den ersten Herbsttagen beschloß die Nationalversammlung, der Klerus habe den Eid auf die Verfassung zu leisten. Zahlreiche Priester lehnten es ab, sich der Zivilverfassung unterzuordnen. Der Papst verurteilte feierlich die Apostasie. Im Land gab es »eidverweigernde« Priester, die sich vor Verfolgung verbergen mußten, und »eidleistende« Priester, die von ihren Gläubigen mit Verachtung gestraft wurden. Der König hatte das schändliche Dekret widerstrebend unterzeichnet, doch dann besann er sich auf seine Würde und schritt am Palmsonntag im April 1791 nicht zur Kommunion, weil der Geistliche von Saint-Germain-l'Auxerrois, wo er der Messe beiwohnte, ein eidleistender Priester war. Mit Empörung reagierten die Pariser auf die sich rasch verbreitende Neuigkeit. Tags darauf – der König hatte beschlossen, sich nach Saint-Cloud zurückzuziehen – bedrängte eine bedrohliche Volksmenge seine Karosse und zwang ihn unter Beschimpfungen zur Umkehr: »Du bleibst! Scheißaristokrat! Großes Schwein!« Waren das die gleichen Menschen, die im vergangenen Jahr ihren Monarchen auf dem Champ-de-Mars zugejubelt hatten? Ich war bestürzt über die Unbeholfenheit des Königs und den dumpfen Haß des Pöbels. Simolin übertrieb nicht, wenn er diese Leute als reißende Bestien bezeichnete. Er bedauerte den Tod Mirabeaus, der wenige Tage zuvor gestorben war. Seiner Meinung nach hätte dieser Verlust auf keinen ungünstigeren Zeitpunkt fallen können, beraubte er doch Ludwig XVI. seines letzten Verteidigers vor der Nation.

Zwei Monate später wurde die Stadt von einem unvergleichlich gravierenderen Ereignis erschüttert. Eines Morgens konnten wir den Zeitungen entnehmen, daß der König und die königliche Familie in der Nacht heimlich die Tuilerien verlassen hatten, vermutlich um ins Ausland zu fliehen, jedoch erkannt und von Patrioten in Varennes, einem im Osten von Paris gelegenen Marktflecken, festgenommen worden waren. Bald würden sie unter strenger Bewachung nach Paris zurückgeführt. Das Ereignis verblüffte mich, und ich begab mich eilends zur Botschaft. Botschafter Simolin war nicht zu sprechen. Doch Grigori Strachow bestätigte mir den Sachverhalt und betonte, unser Botschafter habe um das Vorhaben des Herrscherpaares gewußt, ja habe es vielleicht sogar bei der Durchführung unterstützt. Sollte dieses heimliche Einvernehmen bekannt werden, dann würde sich, dachte ich, die Abneigung der Franzosen uns gegenüber noch verstärken. Obwohl mir mein Gesprächspartner versicherte, es sei alles getan worden, um derartige Indiskretionen zu verhindern, verließ ich ihn mit dem Gefühl, blindlings in die Katastrophe zu laufen.

Die Zukunft sollte mir recht geben. Schon bald verbreitete sich in Paris das Gerücht, Botschafter Simolin habe dem französischen Herrscherpaar falsche Reisepässe besorgt, ausgestellt auf den Namen einer russischen Familie, nämlich der Familie der vermeintlich nach Frankfurt reisenden Baronin Korw. Wie durch ein Wunder entging unser Botschafter der rachsüchtigen Menge, die sich erst beim Palais Royal, dann auf den Champs-Elysées zusammengerottet hatte. Mich verblüffte, wie leichtfertig Ludwig XVI. sich auf das Abenteuer eingelassen hatte. Gewiß, er konnte nicht länger ertragen, im Tuilerienschloß ein Gefangener des Volks zu sein; gewiß, er hoffte, nach seiner Flucht aus Paris den Kampf gegen die revolutionäre Seuche organisieren zu können; gewiß, die ausländischen Staatsoberhäupter, allen voran Katharina II., sicherten ihm ihre Unterstützung zu, sollte er sich wieder frei bewegen können. Dennoch, die Flucht der Königsfamilie war das Werk unerfahrener Verschwörer. Was würde nun geschehen? Wie würden die Franzosen einen Monarchen behandeln, der sie verraten hatte? Ludwig XVI. hatte das Hasenpanier ergriffen und damit sein bereits angeschlagenes Ansehen bei seinen Untertanen gänzlich verspielt. Sie hätten ihm jeden Schnitzer, jeden Wutanfall verziehen, aber nicht diese nächtliche Flucht mit Frau und Kindern. Auch Laura war verblüfft, denn wie die meisten Franzosen – und wie auch ich – hatte sie große Hoffnungen auf eine gütliche Einigung zwischen König und Nation gesetzt.

Eines Samstags am Ende des Monats Juni 1791 begaben wir uns auf die Champs-Elysées, um der Rückkehr Ludwigs XVI. und seiner Familie beizuwohnen. Der Zug sollte die Barrière de l'Etoile, eine der Zollstationen, passieren. Eine unruhige Volksmenge stand am Straßenrand. Selbst in den Bäumen hockten Neugierige. Und diese Masse kochte vor unterdrückter Wut. Am Vorabend hatte La Fayette auf den Mauern der Kapitale Anschlagzettel mit folgender Aufschrift anbringen lassen: »Wer den König beklatscht, wird mit Stockhieben bestraft, wer ihn beschimpft, wird gehängt.« Als das königliche Fahrzeug, eine grün-gelb bemalte riesige Kiste auf Rädern, auf der Höhe der abschüssigen Straße zu sehen war, glaubte ich, das Volk werde trotz der angedrohten Strafe in Beschimpfungen ausbrechen. Doch die Pariser empfingen die Überläufer mit schweigender Verachtung. Und dieses Schweigen schien mir schrecklicher als das Gezeter einer erregten Volksmasse. Die Männer in der gaffenden Menge behielten ihren Hut auf dem Kopf, als wäre er angeschraubt, die Frauen trugen die Miene von Rachegöttinnen zur Schau. Die Soldaten der Nationalgarde, die auf beiden Seiten der Avenue Spalier standen, hielten ihr Gewehr umgekehrt, den Lauf nach unten, als finde ein Begräbnis statt. Schließlich kam der schwere Wagen, von den Pferden im Gleichschritt gezogen, auf meine Höhe. Auf Zehenspitzen versuchte ich durch das Fenster im Wagenschlag den König zu erspähen. Doch ich erblickte nur einen Schatten, ein in sich zusammengefallenes Phantom: Ludwig XVI. hatte zu existieren aufgehört. Kaum hatte die Reihe der Wagen den Garten der Tuilerien erreicht, wurde die als Zugang dienende Hebebrücke geschlossen. Der König war in sein goldenes Gefängnis zurückgekehrt. Durch seinen Fluchtversuch war er unnötiger und störender denn je geworden.

Die relative Mäßigung der Pariser in den nun folgenden Stunden überraschte mich angenehm. Trotz einer tödlichen Schießerei auf dem Champ-de-Mars, vor dem Altar für das Vaterland, und donnernder Erklärungen vor der Nationalversammlung von seiten einiger extremistischer Abgeordneter – etwa Danton, Marat oder Desmoulins – wurde eine ehrenhafte Verfassung ausgearbeitet. Sie ließ dem König einen Anschein von Macht, was ich in seinem Fall als erstaunlich beurteilte. Nachdem er dem von den Repräsentanten der Nation vorgeschlagenen neuen Status zugestimmt hatte, begab sich Ludwig XVI. in die Nationalversammlung, um dort den Eid auf die Verfassung abzulegen. Von der Tribüne aus nahmen die Königin und der Dauphin an der Zeremonie teil. Von diesem öffentlichen Reueakt gerührt, spendeten die Deputierten dem Königspaar Beifall. Hatten sie Varennes bereits vergessen? Ich wagte es kaum zu glauben. Um die offizielle Annahme der Verfassung zu feiern, ließ Ludwig XVI. Triumphbogen errichten und die Champs-Elysées illuminieren. Alle Bäume trugen Lampions. Die Menge zollte dem König und der Königin begeistert Beifall, als die königliche Karosse in die Avenue einbog. Die Wankelmütigkeit des französischen Volks beunruhigte mich. Wie konnte man dieser unsteten und unentschlossenen, zu den schlimmsten Gewaltakten und den seltsamsten Schwärmereien fähigen Masse Vertrauen schenken?

Einige Zeit danach erklärte die Gesetzgebende Versammlung ihre Aufgabe für beendet und machte der Legislative Platz. Schon von Anfang an schien mir diese dem Herrscher weniger gewogen. Sie verabschiedete insbesondere zwei empörende Dekrete: das eine verfügte die Beschlagnahmung der Güter der Emigranten und verurteilte sie zum Tod, falls sie nicht binnen zweier Monate nach Frankreich zurückkehrten; das andere ordnete schwere Strafen gegen die eidverweigernden Geistlichen an. Entrüstet legte der König sein Veto gegen diese Gesetze ein, Hirngespinste der neuen Deputierten, die sich Frankreich unbedacht gegeben hatte. Sogleich sprach die gesamte Politikerclique lauthals von Machtmißbrauch. Wie konnte es der auf seinem Thron lediglich tolerierte Monarch wagen, sich über den Willen der

gewählten Vertreter der Nation hinwegzusetzen? Nach einer kurzen Zeitspanne wiedergewonnener Gunst wurden Ludwig XVI. und Marie-Antoinette erneut hassenswert. Die Revolution, einen Augenblick beinahe zum Stillstand gekommen, nahm ihren schweren Gang wieder auf. Noch immer fragte ich mich: Mit welchem Ziel?
Laura machte sich über meine Besorgtheit lustig. Zur Zeit war sie von ihren republikanischen Überzeugungen wie besessen. Der scheinbaren Harmonie der Gefühle zuliebe vermied ich es, ihr zu widersprechen, doch innerlich konnte ich ihr nicht beipflichten. Ihr immer stärkerer Hang zur Revolte, zum Exzeß verwirrte mich, als wäre er ein Anzeichen von Wahnsinn. Wenn ich sie so mit nie dagewesenem Ungestüm reden hörte, dann glaubte ich eine wortgewaltige »Mère Duchesne« vor mir zu haben.
Die Atmosphäre in unserer Botschaft war gespannt. Laut Simolin waren die Meinungsverschiedenheiten zwischen dem demokratischen Frankreich und dem monarchischen Rußland derart, daß der Bruch unvermeidlich wurde. Auf Rat der Zarin hatte er beschlossen, das Land zu verlassen und seine Stelle mit einem einfachen Geschäftsträger namens Nowikow zu besetzen. Bevor er aufbrach, besuchte er Marie-Antoinette, die ihn gerührt zu einem beinahe dreistündigen privaten Gespräch empfing und ihm einen an Katharina II. gerichteten Hilferuf übergab. Zur Unterstützung der Bitte seiner Gemahlin griff der König höchstpersönlich in das Gespräch ein. All das berichtete mir Simolin in der letzten Audienz, die er mir liebenswürdigerweise gewährt hatte. An jenem Tag empfahl er mir, mich ebenfalls zur Abreise bereitzuhalten. Auf seinem aufgedunsenen Gesicht lag ein Ausdruck von Verbitterung und Gehässigkeit. »Glaubt mir«, so seine Worte, als er mich zur Tür seines

Arbeitszimmers zurückbegleitete, »wir haben hier nichts mehr verloren. Die ausländischen Herrscher werden dem Leidensweg Ludwigs XVI. nicht mehr lange untätig zusehen. Jenseits der Grenzen organisieren sich die Emigranten, um mit vereinten Kräften zurückzukehren. Der Krieg steht unmittelbar bevor. Und Ihr wißt, auf welcher Seite wir dann stehen. Ich aber gehe nach Wien. Dort wird sich unzweifelhaft das Schicksal Frankreichs entscheiden.«

Am 30. Januar 1792 – ich habe das Datum notiert – verabschiedete sich Simolin feierlich vom Botschaftspersonal und bestieg die Kutsche zu einer langen diplomatischen Reise. Seine Abreise verstärkte meine Einsamkeit und Unentschlossenheit. Seine pessimistischen Vorhersagen verfolgten mich, und ich war weniger um Laura bemüht, worauf sie sich über meine plötzliche Kühle beklagte. Ich sprach von Müdigkeit, von Sorgen... In Wahrheit dachte ich immer häufiger an Rußland, an die Güte der Zarin, an die strenge Hofetikette, an den ersten Schnee, an die Schlittenfahrten auf der zugefrorenen Newa, an den bleichen Himmel von St. Petersburg in den Weißen Nächten im Juni, an meine Mutter schließlich, die inzwischen alt und müde sein mußte. Zum ersten Mal seit meiner Ankunft in Paris verspürte ich Sehnsucht nach dem Norden. Frankreich, das ich in der Person Lauras so sehr geliebt hatte, erschreckte mich nun. Unter dem Vorwand überhöhter Preise für Brot, Zucker und Kaffee zettelten die Pariser einen Aufstand an und plünderten die Geschäfte, worauf die Nationalgarde die Plünderer zerstreuen mußte. Die lauten und arroganten Mitglieder des Jakobinerklubs beschlossen, zum Zeichen ihrer aufrührerischen Absichten von nun an die rote Mütze zu tragen. Und alsbald übernahm die ganze Stadt, völlig in den Bann geschlagen, die lächerliche Kopfbedeckung. Die Hutmacher

konnten die Nachfrage der Kunden nicht befriedigen. Die Straße bot das Schauspiel einer stumpfsinnigen Maskerade. Scham überkam mich, wenn ich an Geistesgrößen wie Voltaire, Diderot, Rousseau, Montesquieu dachte, auf die sich die jämmerlichen Unruhestifter von heute beriefen. Letztes Jahr hatten sie die sterblichen Überreste des unsterblichen Autors des *Candide* feierlich in die Krypta des Panthéon überführt. Hatte er sich in seinem Sarg umgedreht, als er die über ihm ertönenden pathetischen Reden hörte?
Dann erklärte der König, von seinen Ministern gedrängt, Österreich den Krieg unter dem Vorwand, nach dem Tod Leopolds II., des Bruders von Marie-Antoinette, lasse es der nunmehrige Kaiser Franz II. zu, daß sich auf seinem Boden ein vom Prinzen von Condé angeführtes Emigrantenheer sammele. Voltaire wäre über dieses unnötige Kräftemessen gewiß empört gewesen, doch das ganze Land, von der Linken bis zur Rechten, freute sich darüber. Die Freude war dann allerdings von kurzer Dauer. Da die ersten Kampfhandlungen nicht zu Frankreichs Gunsten ausfielen, beschuldigte das Volk Marie-Antoinette, in den Tuilerien ein »österreichisches Komitee« zu unterhalten und ein Massaker unter den Patrioten vorzubereiten. Von ihrem neuen Bürgermeister, Pétion, angestachelt, lebten die Pariser in permanentem Alarmzustand.
Zu jener Zeit beging Ludwig XVI. einen verhängnisvollen Fehler. Trotz der Tag und Nacht von der Stadt ausgehenden Bedrohung glaubte er, gegen zwei absurde Dekrete der Nationalversammlung das Veto einlegen zu müssen. Das war genug, und schon zog der erregte Pöbel mit dem Ruf *Es leben die Sansculotten! Nieder mit Monsieur Veto!* vor die Tuilerien, durchbrach Abschrankungen und Tore, überrannte die Schildwache, zerstörte Möbel, Tapisserien und Bilder,

drang in die königlichen Gemächer ein und machte, verwirrt, erst vor dem König Halt. Ludwig XVI. antwortete ruhig und höflich auf ihre Beschimpfungen, weigerte sich, in der Frage des Vetos nachzugeben, willigte aber ein, ein Glas Wein auf die Patrioten zu trinken und sich die rote Mütze aufzusetzen, die ihm ein Fanatiker mit provozierender Geste hinhielt. Von soviel Kaltblütigkeit entwaffnet, zog sich die Menge kreischend, stampfend, schimpfend und singend um acht Uhr abends zurück.
All das vernahm ich von Joseph Proutier, der uns unangemeldet besuchte. Von der Sturmglocke des Viertels aufgeschreckt, hatte er sich eilends zu den Tuilerien begeben, um, wie er sagte, an den »historischen Ereignissen« teilzunehmen. Gerne hätte ich es ihm gleichgetan, doch hatte mich eine jähe Verschlechterung des Gesundheitszustands von Martial Biseautin im Hause zurückgehalten. Er hatte einen zweiten Schlaganfall erlitten und dem Arzt zufolge nur noch wenige Stunden zu leben. Laura hatte sich so lange auf dieses Ende vorbereitet, daß die Diagnose sie nicht sonderlich berührte. Während sie das in frischem Wasser gekühlte Tuch wieder auf die Stirn ihres Vaters legte, erkundigte sie sich, ganz die besorgte Bürgerin, bei Joseph Proutier nach dem Ernst der Lage. Mit heftig hervorgestossenen Wortfetzen und starrem Blick antwortete er:
»Eine Horde von Bestien! ... Ordinäre Fischweiber, mit Säbeln bewaffnet! ... Betrunkene Schufte, die drohend ihre Spieße schwenken und unsinniges Zeug brüllen! Ihr einziges Vergnügen: auf das Parkett spucken, Spiegel zertrümmern, mit Axtschlägen Türen einschlagen! ... Welche Qual, welche Erniedrigung für König und Königin!«
»Gebt zu, daß sie es verdient haben«, erwiderte Laura kurz angebunden.

Ich sah sie erstaunt an. Ihr Gesicht schien aus Marmor. Ebenso unberührt vom Unglück des Königs wie vom Sterben ihres Vaters. Mit einem Schlag wurde mir klar, daß ich sie nicht mehr begehrte.
Kurz danach verließ uns Joseph Proutier, um Entschuldigung bittend, weil er uns in unserem frommen Werk als Krankenwärter gestört hatte. Wir verbrachten die Nacht am Bett des Sterbenden. Um sieben Uhr früh kam der Arzt nochmals und ließ den Kranken wieder zur Ader. Martial Biseautin starb am Donnerstag, dem 21. Juni 1792, mittags, ohne das Bewußtsein wiedererlangt zu haben.

V

Nach dem Begräbnis veränderte sich Lauras Verhalten mir gegenüber. Nun hatte sie keinen Kranken mehr zu pflegen und auszuschimpfen, fühlte sich plötzlich unbeschäftigt, entdeckte die Leere in ihrem Leben und wandte sich, als Reaktion darauf, um so leidenschaftlicher und besitzergreifender mir zu. Sie sorgte sich um meine Stimmung, meine Gesundheit, meine kulinarischen Vorlieben und verlangte, daß ich sie überallhin begleitete. Keine Mutter hätte ihren Sprößling mit mehr Zuwendung umsorgt, berührt, beschnuppert, um sich zu versichern, daß er tatsächlich da war, an ihrer Seite, daß niemand ihn ihr wegzunehmen gedachte. Tag für Tag schleppte sie mich in ihr Geschäft an der Rue Saint-Honoré, überprüfte die Buchhaltung ihrer Angestellten, schloß das Geld in ihren Beutel ein und brachte mich, ganz aufgedreht, nach Hause zurück, wo sie, Assignaten und Münzen einmal in einer Kassette versorgt, mich mit flackerndem Blick aufforderte, ihr zu beweisen, wozu ich in der Liebe fähig sei.

Einmal befriedigt, zeigte sie sich anschmiegsam und geschwätzig. Unsere Gespräche im Bett drehten sich oft um Politik. Lauras Begeisterung über den Gang der Ereignisse wurde nur noch von meiner Skepsis übertroffen. Sie freute sich über alle Neuerungen, die die Umwälzung Frankreichs

bezeugten, handle es sich um die Befreiung der Schwarzen oder die Inbetriebnahme, nach mehreren überzeugenden Versuchen, einer Maschine zum Abschlagen von Köpfen, die wir den Tüfteleien eines gewissen Docteur Guillotin zu verdanken hatten. Die beiden wohl ganz unterschiedlichen Maßnahmen schienen ihr von derselben Sorge um die Menschheit getragen. Sie war sehr empfindlich geworden, jede Kleinigkeit ließ sie auffahren. Ich erinnere mich, daß sie Freudentränen weinte bei der Nachricht, die Deputierten der verschiedenen Strömungen hätten sich angesichts der äußeren Gefahr umarmt und geschworen, ihre Streitigkeiten zu vergessen. Der König war vor die Nationalversammlung getreten, und seine Ankündigung, er sei bereit, mit ihr die Verfassung und die Freiheit zu verteidigen, war mit einer Ovation aufgenommen worden.
Einige Tage später wurde erklärt, das Vaterland sei in Gefahr; hier und dort wurden Zelte mit der aufgepflanzten roten Mütze aufgestellt; dort konnten sich junge Männer freiwillig zur Armee melden. Laura nahm mich zur Place Louis-XV mit, um das Schauspiel dieser patriotischen Anwandlung des Volkes zu bewundern. Der Zustrom an Freiwilligen war derart, daß sich vor den Kommunebeamten, die die Gesuche registrierten, lange Schlangen bildeten. Die Menge zollte den Freiwilligen Beifall und warf ihnen Blumen zu. Laura hatte sich bei mir eingehakt und seufzte:
»Ah! Die tapferen Burschen! Dank ihnen wird Frankreich siegen! Ich bin so stolz auf mein Land! Es lebe die Nation!«
Von Zeit zu Zeit wurde in der Gegend des Pont-Neuf oder des Arsenals ein Kanonenschuß abgefeuert. Das dumpfe Grollen rief jedem den Ernst der gegenwärtigen Lage in Erinnerung. Überhaupt gab sich die Stadt seit kurzem entschieden revolutionär. Mit Hämmern bewaffnete Arbeiter

schlugen die Wappen über den Portalen der Adelspalais ab. Eilig wurden die bisher einem Heiligen oder einer aristokratischen Persönlichkeit gewidmeten Ladenschilder abgehängt und durch zeitgemäßere Inschriften ersetzt: *Zum Vaterland*, *Zum Sturm auf die Bastille* oder *Zum souveränen Volk.* Lauras Laden, der bisher ganz schlicht *Zum Lächeln des heiligen Honorius* geheißen hatte, wurde von heute auf morgen umgetauft und hieß nun: *Zum Lächeln der freien und tugendhaften Bürgerinnen.* Zuweilen stellte sich ein Kerl mit zerzaustem Haar auf einen Steinpfosten und kommentierte vor einigen gaffenden Zuschauern mit donnernder Stimme die Schilder.

Wir nahmen unser Abendessen in jener Kneipe im Stadtviertel Saint-Sulpice ein, wo ich früher ein regelmäßiger Gast gewesen war. Die Kneipe war überfüllt. Über die Tische hinweg schwirrten die Gesprächsfetzen. Alle hatten nur den Krieg im Kopf, alle glaubten an einen raschen Sieg. Unter diesen Leuten mit ebenso einfachen wie unumstößlichen Überzeugungen kam ich mir vor wie ein Eindringling. Selbst Laura war mir fremd. Von ihr ging ein undefinierbarer kriegerischer Eifer aus, der in mir jedes Verlangen erstickte, sie in die Arme zu nehmen.

Doch als wir allein in unserer Kammer waren, vermeinte ich, eine echte Frau wiederzufinden. Sie nahm meine Stirn zwischen die Hände, suchte meine Lippen. Die Politik war vergessen. Ich glaubte an die überwältigende Wiederkehr seligen Glücks. Während ich ihr half, sich zu entkleiden, stoppte sie unvermittelt meine Finger, die ungeduldig an ihren Knöpfen nestelten, blickte mir tief in die Augen und sagte:

»Konstantin, ich habe einen Entschluß gefaßt. Wir können nicht so weiterleben. Es ist an der Zeit, daß wir heiraten.«

Es war, als streckte mich ein Keulenschlag nieder. Einen Augenblick war ich sprachlos, in meinem Kopf wirbelten die Gedanken durcheinander, die Knie wurden weich. Alles hatte ich ins Auge gefaßt, bloß nicht die Möglichkeit, mit Laura alt zu werden. Doch wagte ich es nicht, ihr einen Korb zu geben und suchte nach einem Ausweg.
»Das wäre ... wunderbar«, stotterte ich. »Aber wir müssen uns diesen Schritt gut überlegen ...«
»Du zögerst?« fragte sie mit drohendem Blick.
»Ein bißchen, ja, ich gebe es zu... Der Zeitpunkt scheint mir nicht günstig...«
»Weshalb?«
»Ich bin Russe, du bist Französin... Frankreich ist im Krieg ...«
»Aber doch nicht gegen Rußland!«
»Hat das Feuer einmal einen Strohballen erfaßt, dann ist die ganze Scheune in Gefahr ... In Paris sind schon jetzt alle Fremden suspekt... Unser Botschafter ist abgereist... Vielleicht werde auch ich abreisen müssen...«
»Wenn du mich heiratest, dann hast du das Recht zu bleiben.«
»Da bin ich mir nicht so sicher...«
»Dann werde ich dir nach Rußland folgen...«
»Ja, gewiß ... Aber du wirst dort nicht glücklich sein... Ich möchte dich um nichts auf der Welt von deinem Vaterland losreißen ... Es muß eine andere Lösung geben ... Ich will mich erkundigen ... Es muß ja nicht von einem Tag auf den anderen sein...«
»Feigling!« zischte sie zwischen den Zähnen. »Du weichst aus!«
»Nicht doch!«
»Du liebst mich nicht!«

»Wie kannst du so etwas sagen? Im Gegenteil... Ich versichere dir...«
Ich stotterte, wand mich, fühlte mich elend.
Energisch meine Hände zurückstoßend, entkleidete sie sich ganz allein. Im Bett drehte sie mir den Rücken zu und wehrte meine Liebkosungen ab. Ich wäre auch gar nicht in der Lage gewesen, ihr mehr zu geben. Lauras unerwarteter Anspruch ließ mich erstarren. Wie hatte ich diese Frau nur lieben können? Sie döste an meiner Seite. Ich war in ihre Wärme eingehüllt, fühlte mich aber tausend Meilen von diesem verlangenden Körper, von dieser berechnenden und herrschsüchtigen Seele entfernt. Doch war es vielleicht falsch, mich zu wehren? Vielleicht war mir in Frankreich eine strahlende Zukunft beschieden, falls ich meine Geliebte heiratete? Vielleicht wollte ich des Tags von jener beherrscht werden, die ich des Nachts beherrschte? Mit offenen Augen im Dunkeln liegend, beschloß ich, so schnell wie möglich den Ratschlag eines Mannes einzuholen, dem ich vertraute: mit anderen Worten, den Ratschlag Joseph Proutiers. Jedesmal, wenn ich an einem Scheideweg stand, appellierte ich an seine Urteilskraft, um mich aus der Zwickmühle zu befreien. Er hatte mich nie enttäuscht. Heute wie gestern würde er mir mein Verhalten diktieren.
Am nächsten Morgen erwachte Laura rosig und wohlig, als hätte sie unsere gestrige Auseinandersetzung vergessen, küßte mich zärtlich, erkundigte sich, ob ich gut geschlafen hätte, und erteilte der eben ihren Dienst antretenden Wirtschafterin ihre Anweisungen. Als ich mich nach dem Frühstück vom Tisch erhob, sagte ich ihr, ich wolle mich allein etwas in der Stadt umsehen.
»Du kannst tun, was du willst, Konstantin«, bemerkte sie mit frostigem Lächeln. »Du brauchst mich nicht um Er-

laubnis zu fragen. Vor allem seit unserem gestrigen Gespräch!«

Ich überhörte die Spitze, zog mich eilig an und ging auf direkten Weg zu Joseph Proutier. Glücklicherweise war kein Kunde in der Schreibstube. Schon nach meinen ersten Worten schlug er die Hände über dem Kopf zusammen.

»Ich habe Euch bereits gesagt, was ich von ihr halte, mein lieber Konstantin!« brach es aus ihm hervor. »Ich habe meine Meinung nicht geändert, allen ihren kürzlichen Freundlichkeiten zum Trotz. Sie wird Euch bis zum letzten Bluttropfen aussaugen und dann verlassen. Und dann der Krieg; er wird sich vermutlich ausbreiten und Eure Lage in Frankreich zunehmend gefährden...«

»Genau das habe ich ihr erklärt.«

»Was hast sie darauf geantwortet?«

»Sie will davon nichts hören...«

»Brecht mit ihr, flieht, Konstantin!«

»Doch wohin gehen?«

»Notfalls könnt Ihr Euch zu mir flüchten. Ich werde Euch eine Schlafstelle im Hinterzimmer einrichten...«

Ich verließ ihn und lief, vor Ungewißheit völlig verunsichert, zur Botschaft. Geschäftsträger Nowikow empfing mich unverzüglich. Er war bleich und schwitzte vor Angst.

»Schwerwiegende Ereignisse bahnen sich an«, sagte er zu mir. »Bei Eurer Vermieterin werdet Ihr noch am ehesten in Sicherheit sein. Wenn sie im Viertel wohlangesehen ist, dann wird man Euch nicht belästigen. Ich habe den Befehl, die kompromittierendsten Akten zu verbrennen...«

In seinem Arbeitszimmer lagen überall Kisten, als stünde er kurz vor der Abreise. Trotz beginnender Kahlheit trug er keine Perücke mehr, vermutlich um sich dem Zeitgeschmack anzupassen. Der gehetzte Ausdruck auf seinem Gesicht ließ ihn alt erscheinen. Wir wurden unterbrochen durch die Ankunft eines Geheimagenten, eines Franzosen namens Malvoisin, den ich kannte, weil ich ihn mehrmals in der Botschaft gesehen hatte. Von Simolin angeheuert und bezahlt, tat er auch nach der Abreise Seiner Exzellenz seinen zweifelhaften Dienst. Diesmal brachte er alarmierende Nachrichten aus der Nationalversammlung. Einige Abgeordnete hatten, so berichtete er, am Rande der Sitzung von der Notwendigkeit gesprochen, den König abzusetzen.

»Da seht Ihr, wo sie inzwischen angelangt sind!« brauste Nowikow auf. »Glaubt mir, geht nach Hause, haltet Euch still und wartet, bis das Gewitter vorüber ist...«

Ich kehrte nach Hause zurück und wußte noch immer nicht, ob ich Laura auf der Stelle verlassen oder bei ihr bleiben sollte, bis sich die politische Lage geklärt hatte. Sie begrüßte mich fröhlich und fragte, wie ich den Morgen verbracht hätte. Es war mir Ehrensache, daß ich sie nicht belog, doch als ich ihr von meinem Besuch bei Joseph Proutier erzählte, vermied ich es tunlichst, die erneuten Anschuldigungen gegen sie zu erwähnen. Ich spielte nur gerade auf die Ängste meines Freundes vor weiteren Unruhen an. Lachend schüttelte sie den Kopf:

»Welch seltsamer Bürger, dein Joseph Proutier! Ich habe ihn ins Herz geschlossen, aber ich habe den Verdacht, daß er ein erbitterter Monarchist ist. Hätte er Kontakte zu Emigranten, es würde mich nicht erstaunen!«

»Das glaubst du ja selber nicht«, warf ich hastig ein. »Er spricht immer voll Begeisterung von der Freiheit, von den Menschenrechten, vom Volkswillen...«

»Ich gebe zu, daß der Kerl sein Spiel gut versteckt!«

»Aber nein! Er meint das ehrlich, ganz ehrlich...«

»Mag sein! Und überhaupt, seine Meinung geht mich

schließlich nichts an. Und wo immer seine Sympathien liegen mögen, auf dieser oder jener Seite, er ist dein Freund, und das macht ihn mir teuer.«

Bei diesen Worten glühte ich vor Dankbarkeit. Plötzlich erschien mir Laura weniger gefährlich. Die Heirat erwähnte sie mit keinem Wort mehr. Hatte sie ihre Absicht aufgegeben? Es lag nicht in ihrem Wesen, eine langgehegte Idee einfach so fallenzulassen. Jeden Tag erwartete ich, daß sie mich erneut bestürmte. Was würde ich, in die Ecke gedrängt, antworten? Ich fühlte mich zwischen den gegensätzlichsten Überlegungen hin und her gerissen. Ich wußte nicht mehr, was ich wollte, und betete zum Himmel, er möge die Stunde der endgültigen Auseinandersetzung so lange hinauszögern, bis die Ereignisse an meiner Stelle entschieden hätten.

Und, als wollte sie meinen Wunsch erfüllen, beschleunigte die Geschichte Frankreichs ihren Gang. Ende Juli 1792 verbreitete der Herzog von Braunschweig, Oberbefehlshaber des jenseits des Rheins versammelten Koalitionsheeres, ein Manifest der Verbündeten, worin er Paris eine unbarmherzige militärische Exekution androhte, sollten der König und die Königin in irgendeiner Weise geschmäht werden. Der anmaßende Text beeindruckte die Pariser keineswegs, versetzte sie vielmehr in rasende Zerstörungswut. Für sie war es offenkundig, daß Ludwig XVI. und Marie-Antoinette mit dem äußeren Feind paktierten. Für die Hitzköpfe der Kanaille war das Königspaar nicht mehr würdig, über eine Nation zu herrschen, die es verraten hatte. Als dann eine schwerbewaffnete Truppe von fünfhundert Föderierten aus Marseille in Paris einmarschierte, erreichte die Erregung in den Straßen einen neuen Höhepunkt. Die Nationalversammlung wurde gestürmt und die sofortige Absetzung des Mon-

archen gefordert. Frühmorgens am 10. August 1792, unter dem Schlag der Sturmglocke, zog die Volksmenge vor die Tuilerien, während die verängstigte königliche Familie bei den Abgeordneten in der mittlerweile als Tagungsort der Nationalversammlung dienenden Manege der Tuilerien Zuflucht fand. Während Ihre Majestäten die schwülstigen Reden der einander ablösenden Redner anhörten, stürmten die Massen das Tuilerienschloß, massakrierten die Schweizer Gardisten, die den Zugang verteidigten, metzelten die Dienerschaft nieder, zerschlugen die Möbel, schlitzten die Betten auf, leerten die Schubladen und entsandten, nachdem sie unter irrem Gelächter ein Blutbad angerichtet hatten, Delegationen zur Nationalversammlung, um die Absetzung »Louis Capets«, wie Ludwig der XVI. genannt wurde, zu verlangen. Die verstiegene Resolution wurde angenommen, die königliche Familie noch am gleichen Abend, inmitten eines wilden Freudentaumels, in die Zellen des neben der Manege gelegenen Feuillantenkonvents gebracht, bevor sie dann drei Tage später in den Temple, einen finsteren mittelalterlichen Wachturm, überführt wurde. Frankreich hatte seinen König hinter Schloß und Riegel gesetzt. Für einen Russen wie mich war diese Einkerkerung ein Sakrileg. Es war, als hätte eine Bande betrunkener Muschiks eine Ikone bespuckt. Wenn der Pöbel seine Herrscher nicht mehr respektiert, dann werden Kräfte des Bösen frei. Und jene, die die Schleusen geöffnet haben, vermögen sie nicht mehr zu schließen. Je großherziger und vernünftiger eine Revolution beginnt, um so eher droht sie zu verkommen und blutig zu enden.
Immer häufiger schlich sich Malvoisin heimlich in die Botschaft. Die von ihm überbrachten Nachrichten lauteten immer pessimistischer. Überall hatte er Zugang, sah alles

voraus, witterte alles von weitem. Er hatte die Beweglichkeit und List einer Ratte und sah auch so aus: spitzer Mund, lebhafte Augen, dünner Schnurrbart. Er hatte Gefallen an mir gefunden und riet mir, wie Nowikow, möglichst bald nach Rußland aufzubrechen. Ich schwor ihm, ich hegte keineswegs die Absicht, dorthin zurückzukehren, doch allmählich war ich mir nicht mehr so sicher. Nach und nach ins Vertrauen gezogen, erzählte ich ihm von meiner Verbindung mit Laura und unseren politischen Differenzen. Meiner Geliebten hingegen erzählte ich nichts von den vertraulichen Enthüllungen dem Geheimagenten gegenüber. Ich teilte ihr lediglich mit, der normalerweise gutinformierte Mann hege Zweifel an der Zukunft Frankreichs. Sie versuchte mich zu beruhigen und behauptete, er täusche sich und das Schlimmste liege hinter uns:

»Es ist besser so, Konstantin. Jetzt ist alles klar. Frankreich hat seinen Weg gewählt, den, vergiß das nicht, die Philosophen vorgezeichnet haben...«

Doch ich war niedergeschlagen. Mir schien, ich hätte mit dieser in einen wilden Urzustand zurückgefallenen Nation nichts mehr gemein. Wie hatte das Frankreich der Aufklärung, der Eleganz, der Ironie, des Maßhaltens sich innerhalb weniger Monate in eine Menagerie wilder Tiere verwandeln können? Nun paarte sich im Volk der Haß auf die Herrscher mit der Furcht vor dem Marsch der Koalitionsarmee auf Paris. Longwy war bereits gefallen. Weitere Niederlagen standen bevor. Alle Bewohner wurden aufgefordert, in den Sektionen den Bürgereid abzulegen. Von den Zeitungen angestachelt, sah das einfache Volk überall Spione. Nachbarn überwachten sich gegenseitig. Es hagelte anonyme Denunziationen. Gruppen von Patrioten machten Jagd auf eidverweigernde Geistliche und Aristokraten. Jeden Tag durchsuchten Kommissare, von Nationalgardisten begleitet, verdächtige Häuser nach Waffen. Unerwartet standen sie eines Tages auch vor unserer Tür und stellten, allerdings ohne etwas Verdächtiges zu finden, die ganze Wohnung auf den Kopf. Der Kommissar, ein dicker Mann mit eckigem Kiefer, finsterem Blick und einem Federbusch am Hut, zog nur ungern mit leeren Händen von dannen. Nachdem er unsere Papiere überprüft hatte, befragte er mich kurz angebunden:

»Ihr seid Russe?«

»Ja, Bürger.«

»Was tut Ihr in Frankreich?«

»Wie aus den Papieren hervorgeht, arbeite ich in der Russischen Botschaft.«

»Hm! ... Und Ihr, Bürgerin, habt Ihr Euren staatsbürgerlichen Ausweis?«

»Ja, hier ist er«, erwiderte Laura.

Alles war in Ordnung. Dennoch zögerte der Kommissar. Er gab uns die Papiere zurück, warf nochmals einen Blick in jedes Zimmer und fragte dann plötzlich, den Zeigefinger anklagend auf uns gerichtet:

»Wie kommt es, daß Ihr zusammenlebt? Ihr seid nicht verheiratet!«

»Noch nicht«, antwortete Laura und warf mir einen schrägen Blick zu.

Und dann fügte sie lächelnd bei:

»Doch bald wird es soweit sein.«

Ich fühlte mich einmal mehr in der Falle, ich war ihr auf den Leim gekrochen.

»Sehr gut, Bürgerin«, meinte der Kommissar. »Ordnungswidrige Verhältnisse sind baldmöglichst zu beseitigen. Die Nation liebt die Tugend.«

Mit diesen Worten machte er auf dem Absatz kehrt, gefolgt von seinen Soldaten, eine starke Schweißwolke hinterlassend. Als sie gegangen waren, stürzte sich Laura in meine Arme und öffnete meinen Mund mit einem heftigen Kuß. Die Wohnungsdurchsuchung, die sie hätte empören sollen, versetzte sie in einen ausgelassenen Freudentaumel. Daß wir beide der Gefahr entronnen waren, erregte sie mehr, als es jede Liebkosung vermocht hätte. Das machte ihr Mut, leidenschaftlich und wagemutig zu leben und die Vergangenheit abzustreifen. Wie ich mich ihren Umarmungen entzog, rief sie anklagend:
»Was hast du, Konstantin? Hat dir der Kommissar Angst eingejagt? Er war doch ganz korrekt! Wann endlich wirst du begreifen, daß diese Leute unsere Freunde sind, daß wir gemeinsam mit ihnen einer strahlenden Zukunft entgegenschreiten, daß uns bald die ganze Welt um unser Glück beneiden wird?«
Wie ich sie so vor mir stehen sah, mit leuchtenden Augen und glühendem Gesicht, zweifelte ich, ob sie überhaupt noch bei Verstand sei. Ihr unsinniges Frohlocken erfüllte mich mit Grauen. Ohne ein Wort stieß ich sie von mir und ging zur Tür.
»Wohin gehst du?« schrie sie mir nach.
Ich antwortete nicht, lief die Treppe hinunter und begann durch die Straßen zu rennen, von einer fixen Idee besetzt: Hatte der Kommissar auch Joseph Proutier besucht? Als ich vor dem Lokal des *Ami des cœurs solitaires* stand, sah ich, daß die Holzläden geschlossen waren und ein mit roten Siegeln versehenes Band den Zugang untersagte. Benommen befragte ich einige vor der Tür versammelte Nachbarn. Sie erklärten mir, Joseph Proutier sei am Vorabend verhaftet und unter strenger Bewachung in das Gefängnis der Abtei, gleich

neben der Kirche von Saint-Germain-des-Prés, gebracht worden. Laut Augenzeugen hatte die Durchsuchung seiner Schreibstube wichtige Dokumente zutage gefördert. Er wurde beschuldigt, heimlich mit Aristokraten im Ausland korrespondiert zu haben.

»Jemand wird ihn beim Sektionskomitee angezeigt haben«, brummelte eine alte Frau, deren graue Haare in Strähnen unter einer Phrygischen Mütze hervorlugten.

»Wer?« fragte ich.

»Wie soll man das wissen? Eine Kundin vielleicht, oder ein Kunde...«

»Jedenfalls Patrioten«, erwiderte ein Sansculotte mit arroganter Miene.

Aus einer seiner Jackentaschen ragte ein Flaschenhals. Auf seine Brust hatte er eine Kupferplakette geheftet mit der Inschrift: *Stärke und Einheit.* Eiskalt durchfuhr es mich. Gegen meinen Willen mußte ich an Laura denken. Hatte sie die revolutionären Behörden auf Joseph Proutier hingewiesen? Unter ihrem verbindlichen Äußern hegte sie einen derartigen Groll gegen ihn. Nein, nein, ich dichtete ihr da etwas an. Zu derartiger Niedertracht war sie unfähig. Ich hatte nicht einmal das Recht, sie danach zu fragen. Dennoch, der Zweifel ließ mich nicht los, quälend und unaufhaltsam zersetzte ein Gifttropfen mein Blut.

»Das ist absurd«, stammelte ich. »Er hat sich nie mit Politik beschäftigt. Er ist unschuldig.«

»Dann wird man ihn nach den Verhören entlassen«, meinte der Sansculotte. »Bei uns, da geht alles mit rechten Dingen zu.«

Ich wollte nichts mehr hören und begab mich zum nahegelegenen Gefängnis der Abtei, um mich nach dem Schicksal meines Freundes zu erkundigen. Die Haftanstalt war ein

grauer Bau mit dicken Mauern, flankiert von Erkertürmchen. Ein Haufen schlampiger Fischweiber stapfte schwatzend in der Rue Sainte-Marguerite hin und her, zweifellos in Erwartung neu eintreffender Verdächtiger, die beschimpft werden konnten. Ich bahnte mir einen Weg bis zu dem von einer bewaffneten Garde bewachten Torbogen. Lange mußte ich mit den Wachen verhandeln, bevor ich zum Eingangsschalter und dann zur Gerichtsschreiberei vorgelassen wurde. Ich trat in ein enges, dunkles und niedriges Zimmer ein. Die Luft stank nach Ragout und Urin. Auf einem Stuhl stapelten sich schmutzige Teller. Der Gerichtsschreiber hatte soeben seine Mahlzeit beendet. Er war klein, ganz schwarz gekleidet und trug noch die Perücke. Ich erklärte ihm den Zweck meines Besuchs und legte einige Assignaten zwischen die Akten auf seinem Tisch. Er nahm das Geld, verweigerte mir aber einen Blick ins Haftregister. Da ich hartnäckig danach fragte, ob ein gewisser Joseph Proutier in seiner Liste figuriere, schnippte er mit den Fingern, und zwei Wachen drängten mich nach außen. Unter Gelächter mußte ich unverrichteter Dinge von dannen ziehen.
Stundenlang irrte ich in den Straßen, nichts wahrnehmend: weder das Gedränge der Menge noch die patriotischen Anschlagzettel an den Mauern, noch die fliegenden Händler, die es ebenfalls für richtig befunden hatten, sich als Sansculotten zu kleiden. Das war nicht meine Stadt, nicht mein Jahrhundert! Auf gut Glück kehrte ich zur Botschaft zurück. Eben trat Malvoisin ins Freie, den Hausmauern entlangschleichend. Ich erzählte ihm von Joseph Proutier.
Er verzog das Gesicht:
»Eine üble Geschichte! Heute kommt eine Verhaftung einer Verurteilung gleich!«
Eilends ging er von dannen, wahrscheinlich aus Angst, im

Gespräch mit einem Ausländer ertappt zu werden. Erst spätabends kehrte ich verzweifelt und erschöpft nach Hause zurück. Laura hielt am Fenster nach mir Ausschau. Als sie mir die Tür öffnete, rief sie:
»Was ist geschehen? Ich war so beunruhigt.«
»Joseph Proutier ist verhaftet worden«, antwortete ich.
Sie faltete die Hände: »Welch ein Unglück. Doch das war vorauszusehen, mein armer Konstantin. Dein Freund redete so seltsam. Irgendein übelgesinnter Nachbar wird es dem Sektionskomitee mitgeteilt haben...«
Ich blickte in ihr zärtlich strahlendes Gesicht. Log sie? War sie aufrichtig? Nie würde ich ihr Geheimnis ergründen. Blind vor Kummer und Ekel, warf ich mich weinend auf das Bett.
»Ich helfe dir, ihn zu finden«, versprach sie mir.
Und dann hörte ich mich »Danke« sagen, obwohl ich diese Frau eigentlich hätte erwürgen wollen.

VI

Zweimal kehrte ich ins Gefängnis der Abtei zurück, ohne die erhofften Informationen zu erhalten. Beim dritten Mal schließlich – es war, ich erinnere mich genau, am 1. September 1792 – verkündete mir der zugänglicher gewordene Gerichtsschreiber, ein gewisser Joseph Proutier figuriere tatsächlich im Haftregister und dieser Bürger warte, wie alle anderen auch, bis die Reihe an ihm sei, verhört und abgeurteilt zu werden. Ich konnte nicht anders, als ihn naiv fragen:
»Wenn seine Unschuld festgestellt wird, dann wird er freigelassen, nicht wahr?«
»Selbstverständlich!«
»Wann?«
»Unverzüglich.«
»Kommt es häufig vor, daß Gefangene freigelassen werden?«
»Es kommt vor...«
Diese Aussage dämpfte meine Befürchtungen etwas. Doch einen Tag später, es war Sonntag, nahmen sie wieder zu. Mit einem Schlag wurde die Stadt vom Wahn ergriffen. An den Mauern informierten Flugblätter die Bevölkerung, Verdun habe vor dem Koalitionsheer des Herzogs von Braunschweig kapituliert. Österreicher, Preußen und Emigranten marschierten gegen Châlons. Die Straße nach Paris war frei. Wer war schuld? Der »dicke Capet«, seine »österreichische

Hure«, die »aufrührerischen Priester«, die »verdammten Aristokraten« – sie alle hatten sich gegen die Nation verschworen. Diese schwerwiegenden Anschuldigungen wurden von der aufständischen Kommune erhoben, an deren Spitze Hitzköpfe wie Robespierre, Chaumette, Billaud-Varenne standen. Von einem Tag auf den anderen war ihr Name in aller Munde. Sie verkörperten das Gewissen des neuen Frankreich. Die Revolution war ihr Beruf und sicher auch ihr Broterwerb.

Ich hatte Laura versprochen, sie zu ihrem Modegeschäft zu begleiten, doch einmal mitten im Gedränge auf der Place de la Révolution, vormals Place Louis-XV, angekommen, wurde ich mir plötzlich der Lächerlichkeit unseres Vorhabens bewußt – an einem Tag, da das ganze Volk in Aufruhr war. So versuchte ich, sie davon abzuhalten, weiterzugehen. Sie zuckte mit den Schultern und riet mir kurz angebunden, nach Hause zu gehen, falls ich Angst hätte, mich unter die wackeren Patrioten zu mischen, die die Anschlagzettel lasen und kommentierten. Ich nahm sie beim Wort und kehrte um, während sie sich, allein und verärgert, einen Weg durch die Menge bahnte.

Es war sehr heiß. Über der staubigen und verwandelten Stadt lag ein Fieberhauch. Während ich noch einmal die Rue des Saints-Pères durchquerte, inmitten eines Stroms aufgeregter und sonntäglich gekleideter Spaziergänger, bedrängten mich fliegende Händler. Einer hielt mir ein noch druckfrisches Flugblatt hin: *Aufdeckung eines Komplotts zur Ermordung aller wohlanständigen Bürger der Hauptstadt in der Nacht vom 2. auf den 3. dieses Monats durch die Aristokraten und die eidverweigernden Priester, unterstützt von den in den Pariser Gefängnissen inhaftierten Briganten und Schurken.* Mir schwindelte. Nun hatte die Tragödie ein neues Stadium erreicht: jenes der Sündenböcke. Jemand mußte für die Heimsuchungen Frankreichs verantwortlich gemacht werden. Die aufständische Macht zeigte dem Volk, wer diese Verantwortlichen waren, damit es an ihnen seinen Rachedurst stillen konnte. Um die Massen im Alarmzustand zu halten, wurden bereits Kanonen abgefeuert, der Generalmarsch geblasen, die Sturmglocke geläutet. Glockengeläut und Trommelwirbel ließen die Luft erzittern. Die Männer reckten die Faust, die Frauen schrien mit haßverzerrten Gesichtern nach Rache. Von ihnen hörte ich Fetzen eines neuen Revolutionslieds, das sie aus voller Kehle grölten. Eigentlich für die Rheinarmee bestimmt, hatte es bald den Namen *Marseillaise* erhalten. Sein Wortlaut war abstoßend. Ich beeilte mich, nach Hause zu gelangen.

Als Laura zurückkehrte, zeigte ich ihr das provozierende Flugblatt, das ich von meinem Spaziergang zurückgebracht hatte. Sie hielt auch eines in der Hand.

»Es ist nichts«, meinte sie. »Schöne Phrasen, um den Eifer der Bürger zu besänftigen.«

»Aber die Bürger werden nicht besänftigt, sondern aufgewiegelt!«

»Da kennst du meine Landsleute schlecht. Je mehr sie reden, um so weniger handeln sie. Ihre Kräfte erschöpfen sich in den Worten, die sie in den Wind sprechen.«

»Ich mißtraue Robespierre!«

»Und ich, ich vertraue ihm. Er ist rein und hart. Er weiß, was er will...«

Es war eine bewegte Nacht. Durch das offene Fenster drang dumpfes Dröhnen – als hätte die gesamte Stadt den Schlaf verweigert. Ich vermied es, Laura in meine Arme zu schließen, und fiel an ihrer Seite in einen kurzen Schlaf; schon am Morgen, während sie noch mit ihrer Toilette und dem Haus-

halt beschäftigt war, begab ich mich zum Gefängnis der Abtei.
Vor Ort hatte sich bereits eine fröhliche Volksmenge versammelt: Sansculotten, Händler, Straßendiebe, Marktweiber, Strickerinnen drängten sich um drei vor dem Portal stehende Karren. Und diese Karren waren vollbeladen mit Leichen mit klaffenden Wunden. Die meisten waren halbnackt. Man hatte ihnen Stiefel und Schuhe gestohlen. Männer und Frauen, unordentlich aufeinandergestapelt, bildeten einen monströsen Haufen von blutüberströmten und schlammbespritzten eingeschlagenen Köpfen, versehrten Gliedern, aufgeschlitzten Leibern, aufgesperrten Mündern und geblendeten Augen. Hysterische Bacchantinnen hatten diese Berge von toten Leibern erklommen und tanzten auf ihnen mit geschürzten Röcken: *Vive la Nation! Nieder mit den Verrätern!* Ich glaubte, mich übergeben zu müssen. Um mich herum gestikulierte der Pöbel und schrie sich heiser, in eine stinkende Schweiß- und Alkoholwolke gehüllt. Mich nur mühsam auf den Beinen haltend, erblickte ich einen friedlichen Uhrmacher, der die Szene von der Schwelle seines Ladens aus beobachtete; ich ging auf ihn zu und fragte ihn, was sich im Gefängnis ereignet habe. Er erzählte mir, in der Morgendämmerung habe eine erregte Menge die Türe aufgebrochen und willkürlich einige Dutzend Häftlinge mit dem Säbel, dem Spieß oder der Axt hingemetzelt. Eilig sei ein Volkstribunal eingerichtet worden, dessen Vorsitz ein gewisser Maillard, seines Zeichens Gerichtsschreiber, innehatte, und dann habe im Gefängnishof eine Hinrichtung nach der anderen stattgefunden. Damit seien die Mörder, so der gutmütig in die Welt blickende Zeuge, bloß den Gefangenen zuvorgekommen, denn wie die Flugblätter aufgedeckt hätten, seien die Pariser Kerker mit Verschwö-

rern überfüllt, die bei Heranrücken der Truppen des Herzogs von Braunschweig sicherlich ausgebrochen wären, um die aufrechten Patrioten zu ermorden.
Von der Dummheit dieser Gedanken verblüfft, die vermutlich in den Köpfen der meisten Einfaltspinsel Frankreichs herumschwirrten, kehrte ich zu den Karren zurück und versuchte, unter den Kadavern mir bekannte Gesichter zu erkennen. Jung oder alt, alle waren mir in ihrem zur Grimasse erstarrten Gesicht unbekannt. Bereits begannen die schweren Karren, sich einen Weg durch die Menge zu bahnen. Man würde die Leichen in irgendeinen Steinbruch außerhalb von Paris bringen und sie dort verscharren. Kein christliches Begräbnis. So hatten es die Unmenschen der Revolution beschlossen. Ohne die Abfahrt der Wagenkolonne abzuwarten, goß der Gefängnispförtner kübelweise Wasser vor den Eingang, um die Blutlachen zu entfernen. Als der letzte Karren mit ächzenden Rädern langsam an mir vorbeifuhr, konnte ich einen Schrei nicht unterdrücken. Zuoberst auf dem Menschenhaufen ein aschfahles Gesicht mit ausgerenktem Kiefer und starrem und erloschenem Blick: Joseph Proutier! Er lag auf dem Rücken, und sein Hals wies eine tiefe Wunde auf. Man hatte ihm die Hose ausgezogen. Sein Geschlecht lag auf seinem nackten Schenkel. Ein teuflisches Weib, einen Fuß auf seinen Bauch gestellt, schwenkte die Trikolore.
Ich bedauerte, keine Pistole zur Hand zu haben, um das Racheweib niederzustrecken. In einer jähen Halluzination war es Laura, die mit irrem Gelächter auf dem Totenkarren stolzierte. Schon war ich wieder in die Wirklichkeit zurückgekehrt. Doch in meinem Kopf hielt das Grauen an. Einer nach dem anderen entschwanden die Wagen, schwankend, in Richtung Carrefour de Buci. Betäubt, empört, krank vor

Ekel und Ohnmacht machte ich mich auf den Weg nach Hause.

Ich hoffte, Laura an der Rue Garancière nicht anzutreffen. Nach allem, was ich gesehen hatte, war mir ihre Gegenwart unerträglich. Doch sie war da, ruhig, strahlend, grausam schön in ihrer Gleichgültigkeit gegenüber der in den Straßen sich abspielenden Tragödie. Wider Willen machte ich sie zur Komplizin all dessen, was mich in diesem Frankreich ohne Glauben und Gesetz aufbrachte. An ihrem Schreibtisch sitzend, sortierte sie Papiere und Briefe. Ich trat ins Zimmer und sagte mit tonloser Stimme:

»Sie haben Joseph Proutier ermordet.«

Offenkundig überraschte sie diese Nachricht nicht. Sie erhob ihre klaren Augen zu mir und antwortete sanft:

»Dein Freund wußte, was er riskiert. Wer wie er Partei nimmt, der besiegelt sein Schicksal.«

»Und deines? Ist dein Schicksal die Revolution?« schrie ich sie an.

»Ja, Konstantin.«

»Diese Schändlichkeit, dieser blutrünstige Abschaum, dieser ständige Aufruf zu Denunziation und Mord, erhoben von den niedrigsten und mißgünstigsten Kreaturen ganz Frankreichs! ... »

»Was geboren wird, wird stets unter Zuckungen und Schmerzen geboren.«

»Worauf spielst du an?«

»Auf die Geburt der Republik.«

»Mußte Joseph Proutier ermordet werden, damit sie entstehen konnte?«

»Ein bedauerlicher Fehler, zweifellos. Doch angesichts der Verschwörungen der Aristokraten mußte Paris unbedingt gesäubert werden.«

»Du nennst das säubern?« brüllte ich.
Sie erwiderte nichts. Ihre Ruhe, ihre Sicherheit erbitterten mich dermaßen, daß mich von Kopf bis Fuß ein nervöses Zittern durchfuhr. Ich hörte, wie ich langsam und deutlich sagte:
»Warst du es? Hast du ihn denunziert?«
»Nein.«
»Schwör es!«
»Ich weigere mich.«
»Weshalb?«
»Weil du nicht das Recht hast, mich zu verhören. Und selbst wenn ich das Sektionskomitee auf ihn aufmerksam gemacht hätte, hätte ich ein ruhiges Gewissen, denn ich hätte lediglich meine Pflicht als Patriotin und Französin erfüllt!«
»Du bist schändlich«, sagte ich leise, von so viel Zynismus wie erschlagen.
Ich hob meine Hand, um sie zu ohrfeigen. Sie warf mir einen vernichtenden Blick zu und stellte sich, den Stuhl zurückstoßend, kerzengerade vor mich hin. Sie trotzte mir. Sie sah aus wie eine behelmte Minerva, durchzuckte es mich.
»Und du, du bist bloß ein Hampelmann!« zischte sie.
Hilflos ließ ich den Arm fallen, ohne sie berührt zu haben. Meine Wut legte sich und machte unendlicher Traurigkeit Platz. In diesem Augenblick entglitt mir alles, was mir teuer war. Mit einem Schlag verlor ich Joseph Proutier, Laura und mein hohes Frankreichideal. Ein Schluchzer entrang sich meiner Brust. Ich schämte mich, vor meiner Geliebten zu weinen, während sie unbewegt blieb; doch mein abgrundtiefer Schmerz raubte mir Wille und Verstand.
»Nun denn«, meinte sie, »ruh dich aus. Wir werden nach meiner Rückkehr darüber sprechen. Ich muß in den Laden gehen...«

Einmal mehr beherrschte sie die Lage. Ich war ihr ausgeliefert: Sklave ihrer Reize, ihrer Autorität, ihrer Gerissenheit... Nachdem sie ohne ein zärtliches Wort und ohne einen Versöhnungskuß gegangen war, schritt ich beinahe eine Stunde lang untätig und schwach in der Wohnung hin und her. Plötzlich war mein Entschluß gefaßt: mit ihr brechen, so schnell wie möglich mit ihr brechen! Was immer kommen mochte, es war besser, als Tag für Tag an der Seite dieser anspruchsvollen und grausamen Frau zu bleiben. Obwohl sie es bestritt, war ich überzeugt, daß sie am Tod Joseph Proutiers nicht völlig unschuldig war. An ihren Händen klebte das Blut meines langjährigen Freundes. Niemals mehr würde ich sie wie einst begehren und liebkosen können. Daß sie abwesend war, war eine Fügung. Ich mußte den Augenblick nutzen und verschwinden. Hatte mir Joseph Proutier nicht gesagt, mein einziger Ausweg sei die Flucht? Noch aus dem Massengrab riet er mir.

Als ich meine Kleider und meine persönliche Habe in zwei Taschen versorgt hatte, wollte ich Laura einen Abschiedsbrief schreiben. Doch sogleich besann ich mich. Nach allem, was sie getan hatte, verdiente sie weder Schonung noch Erklärung. Die Wohnung leer vorfindend, würde sie sehr wohl verstehen, daß sie allein für meine Abreise verantwortlich war. Ich nahm mein Gepäck und schlich wie ein Dieb von dannen; mein Ziel war die Botschaft, wo ich die Zeit bis zur Abreise nach Rußland zu verbringen gedachte.

Nowikow, dem ich meine Absicht darlegte, nahm mich ohne Umstände auf. Von ihm erfuhr ich, daß sich in allen Pariser Gefängnissen Massaker mit Hunderten von Toten ereignet hatten und daß einige Verrückte die Prinzessin von Lamballe erst enthauptet und dann ihren Kopf auf einer Pike unter den Fenstern der Königin geschwenkt hatten. Seiner Meinung nach war das erst der Auftakt zu noch blutrünstigeren Ausschreitungen. Er hoffte auf den Befehl aus St. Petersburg zur Schließung der Botschaft. Hatte Katharina II. nicht soeben Genet, den Geschäftsträger Frankreichs, des Landes verwiesen? Über kurz oder lang würde Frankreich gleichziehen. In der Zwischenzeit galt es, auch unter erniedrigenden Bedingungen, die diplomatische Vertretung Rußlands in Frankreich zu sichern. Mein Fall war anders gelagert. Ohne besonderen Auftrag war ich nicht zum Bleiben verpflichtet. Nowikow versprach, mir durch den Geheimagenten Malvoisin, der mehr als einen jakobinischen Abgeordneten in der Tasche hatte, einen falschen Paß zu besorgen, damit ich das Land verlassen konnte. Ich bedankte mich überschwenglich.

Im geräumigen Stadtpalais an der Rue de Gramont lebten nur noch drei Sekretäre und ein Seelsorger. Vater Nikolaus war ein bärtiger, schweigsamer und ruhiger Mensch, den wir respektierten, ohne je seine Meinung zu politischen Fragen einzuholen. Im übrigen war er nicht von dieser Welt. In seine Gebete versunken, schaute er durch uns hindurch, als wären wir aus Glas. Ich folgte ihm in die kleine orthodoxe Kapelle neben dem Salon. Der leiernde Tonfall seiner tiefen Stimme, die die heiligen Worte sprach, der einschläfernde Duft des Weihrauchs, der Widerschein der Kerzen auf den Goldfassungen der Ikonen: plötzlich fühlte ich mich, von Sehnsucht und Dankbarkeit eingelullt, im Herzen des Heiligen Rußland wieder, während vor den Toren der Botschaft das revolutionäre Paris brodelte.

Von einem halb tauben russischen Lakaien bedient, nahmen wir gemeinsam im festlichen Eßsaal das Abendessen ein, erhellt von einem Kristalleuchter, auf dem bloß noch vier Kerzen aufgesteckt waren. Selbstverständlich drehte sich

das Gespräch um die Ereignisse des Tages und die künftige Haltung der Zarin Frankreich gegenüber. Nowikow bestätigte, daß Katharina II., obwohl über die Übergriffe auf die Königsfamilie empört, im Moment nicht daran dachte, militärisch auf der Seite der europäischen Koalition einzugreifen. Sie war zu beschäftigt – so ihre Erklärung – mit den Folgen des kürzlich mit dem Osmanischen Reich unterzeichneten Friedens und der schwierigen Gleichschaltung Polens, um daran zu denken, ihre Truppen auf andere Kampfplätze zu entsenden. Jeder freute sich, vorläufig nicht direkt in den Konflikt verwickelt zu sein. Beim Nachtisch tranken wir Champagner auf die Gesundheit der russischen Zarin und auf den Sieg des russischen Heeres über die polnischen Aufständischen. Selbst Vater Nikolaus erhob sein Glas. Doch während wir uns zum Kartenspiel bereitmachten, segnete er uns und zog sich dann zurück. Durch die Mauern drang noch immer Kanonendonner und Glockengeläut. Wir saßen in einem vom Sturm hin und her geworfenen Schiff. Erst nach Mitternacht gingen wir auseinander. Wegen der von außen drohenden Gefahr schlief das gesamte Botschaftspersonal vor Ort. Das prachtvolle Palais Lévis hatte sich in ein Biwak verwandelt.
Für mich hatte man einen Strohsack in ein verwaistes Büro gelegt. Als ich mich niederlegte, dachte ich gerührt an Laura. Was mochte sie empfunden haben, als sie mich nicht mehr im Hause vorfand? War ich mit meinem plötzlichen Verschwinden zu brutal vorgegangen? Würde sie versuchen, mich an meinem Zufluchtsort aufzustöbern? Zweifellos hatte sie sofort erraten, wo ich mich versteckte. Mit geweiteten Augen in die Dunkelheit starrend, hatte ich den Eindruck, zugleich von der Revolution und einer Frau gejagt zu werden. Welche der beiden war gefährlicher? In meinem Schlaf

jagte ein Alptraum den anderen. Joseph Proutier, leichenblaß und blutüberströmt, zog mich zur Rechenschaft. Ihm gegenüber fühlte ich mich schuldig, weil ich den Bruch mit meiner Geliebten zu lange hinausgezögert hatte.

In der Morgendämmerung öffnete ich die Vorhänge meines Fensters, das auf die Rue de Gramont ging. Unweit des Torbogens erblickte ich eine weibliche Silhouette und trat jäh einen Schritt zurück. Ich glaubte, Laura zu erkennen. Ja, ganz gewiß, ja, sie war es. Sie lauerte, bis ich das Gebäude verließ, um mich erneut in Beschlag zu nehmen und nach Hause zurückzuschleppen. Ich erzählte es Nowikow. Er beruhigte mich: solange ich in diesen Mauern verharrte, hatte ich nichts zu befürchten. Die Schildwache hatte den Befehl, nur Botschaftsangehörige und Besucher mit einem Geleitbrief einzulassen.

In den folgenden Tagen war der emsige Malvoisin, von Nowikow benachrichtigt, damit beschäftigt, heimlich meine Abreise zu organisieren. Er brauchte drei Wochen, um einen regulären Paß zu bekommen, ausgestellt auf den Namen eines Robert Calmevat, Bürger von Genf, der in Geschäften unterwegs war. Mein Plan war, nach Dieppe zu gelangen und mich dort nach Amsterdam einzuschiffen. Von dort aus würde es nicht schwierig sein, St. Petersburg zu erreichen. Ich hatte genügend Geld gespart, um die Reise bezahlen zu können. Nowikow ergänzte meinen Schatz mit einer ansehnlichen Summe aus dem Geheimfonds der Botschaft.

Während ich meine Flucht vorbereitete, ging das Gemetzel in den Gefängnissen und in den Straßen methodisch weiter. An den Straßenkreuzungen wurden Totenlisten feilgeboten. Ich erfuhr, daß auch der frühere Minister für Auswärtige Angelegenheiten, Graf von Montmortin, der unserem Botschafter sehr nahegestanden hatte, sich unter den Opfern befand. Am 20. September donnerten die Kanonen erneut, diesmal aber zum Zeichen des Siegs. Im Verlauf des Abends teilte mir Nowikow mit, laut Gerüchten hätten die Franzosen die Preußen in Valmy zurückgeschlagen. Als ich mich überrascht zeigte, versicherte er mir, der Zwischenfall werde den Kriegsausgang in keiner Weise beeinflussen. Keine vierundzwanzig Stunden nach diesem Freudentag verfügte der mit großem Gepränge versammelte Nationalkonvent die Abschaffung des Königtums und die Einsetzung der Republik. Schon lange hatte das in der Luft gelegen. Nun war der Schritt getan. Ich hätte mich empören sollen. Doch diese politischen Umwälzungen konnten mir nichts mehr anhaben. Bereits war ich weit weg von Frankreich. Zumindest bemühte ich mich, das zu glauben.

Noch immer wagte ich mich nicht nach draußen, doch hinter den Vorhängen beobachtete ich die Straße. Scheinbar hatte sich nichts verändert. Dennoch hatte ich bemerkt, daß sich seit kurzem dubiose Gestalten in der Gegend umhertrieben. Sicherlich wurde unsere Botschaft von Spitzeln überwacht. Waren sie vielleicht gar auf Lauras Betreiben auf die Botschaft angesetzt worden?

Das Datum meiner Abreise wurde auf Sonntag, den 23. September 1792, festgelegt. Ein Fiaker sollte mich zur Poststation führen, wo ich die Kutsche nach Dieppe besteigen sollte. Schon wollte ich die Botschaft verlassen, da bemerkte ich, daß die Zahl der Passanten in der Rue de Gramont zugenommen hatte. Blitzartig begriff ich, daß eine Falle drohte. Es hätte mich nicht überrascht, zu erfahren, daß Laura sich hinter einem Torbogen versteckt hielt, um meine Gefangennahme zu beobachten. Das Herz schlug mir bis zum Hals. Nowikow, ebenso beunruhigt wie ich, hatte plötzlich einen skurrilen Einfall. Einem Kasten entnahm er Frauenkleider und half mir, sie überzuziehen. Ich betrachtete mich im Spiegel, und Scham erfüllte mich angesichts dieser grotesken Verkleidung. Ausstaffiert mit einer grüngelb gestreiften Robe, meinen Kopf mit einem amazonenhaften Dreispitz aus grauem Filz bedeckt, sah ich aus wie eine revolutionäre Virago. Wohl hätte ich mir einen würdigeren Abschluß meines Frankreich-Abenteuers gewünscht. Doch was tut man nicht alles, um die eigene Haut zu retten?

Die Botschaftsangehörigen begaben sich mit mir in die Kapelle. Vater Nikolaus sprach ein kurzes Gebet und empfahl mich für die nun beginnende Reise dem Schutz Gottes. Danach umarmten wir uns unter Seufzern.

»Ah! Wie ich Euch beneide!« stöhnte Nowikow. »Wann ist die Reihe an uns? Verfluchtes Frankreich...«

Gesenkten Hauptes trat ich auf die Straße hinaus und ging auf den seit einer Stunde wartenden Fiaker zu. Zwei Männer mit Schnüfflermiene traten auf mich zu und wandten sich wieder ab, von meinem Aussehen getäuscht. Meine Röcke raffend, stieg ich in die Kutsche mit meinem Gepäck. Als das Gespann lostrabte, atmete ich tief durch und begann meine Korsage aufzuknöpfen, die mir die Rippen zusammenquetschte.

Auf meine Bitte hin hielt der Kutscher vor dem ersten Gasthaus, das an unserem Weg lag. Ich mietete ein Zimmer, schloß mich kurz ein, wechselte die Kleider und ging dann, wieder ein Mann geworden, zur Kutsche zurück. Der ehrenwerte Eidgenosse »Robert Calmevat« hatte von den Behörden nichts mehr zu befürchten. Den Kutscher schien meine Verwandlung kalt zu lassen. Zweifellos hatte er es sich in diesen bewegten Zeiten zur Gewohnheit gemacht, sich über nichts zu wundern. Ich meinerseits, auf der harten Kutschenbank durcheinandergeschüttelt, begann mir auszumalen, welche Hindernisse ich in diesem in eine riesige Räuberhöhle verwandelten Land noch zu überwinden hätte. Vom Schlag der Pferdehufe auf dem Pflaster rhythmisch begleitet, stieg zunehmend Angst in mir auf. Ich wagte es nicht, mich am Kutschenschlag zu zeigen. Der Weg bis zur Poststation schien mir ungewöhnlich lang. Aufs äußerste angespannt, dachte ich nicht daran, so schnell wie möglich in Rußland zu sein, sondern so schnell wie möglich Frankreich hinter mir zu lassen. Plötzlich hatte ich den Eindruck, Ludwig XVI. zu sein, der aus seinem Königreich floh. Würde man mich wie ihn an irgendeiner Relaisstation verhaften?

DRITTER TEIL

I

Am Tag meiner Ankunft in St. Petersburg stand, kaum hatte ich meine Mutter in die Arme geschlossen, ein Bote der Zarin vor der Tür, um mich zum Palast zu begleiten. Wie es sich gehört, hatte ich Ihre Majestät über meine voraussichtliche Ankunft in St. Petersburg unterrichtet. Schlecht rasiert, verschmutzt, mit zerknitterter Kleidung und wirrem Kopf – in diesem Zustand begab ich mich in den Palast. Meine Rückreise hatte einen Monat gedauert, zuerst per Schiff, dann per Postkutsche. Keine Anstrengung, keine Schikane war mir zuviel gewesen, so eilig hatte ich es, in mein Heimatland zurückzukehren. Endlich am Ende meiner Prüfungen, konnte ich mein Glück kaum fassen. In der Kutsche neben meinem Begleiter sitzend, betrachtete ich voller Dankbarkeit die langsam und ordentlich an mir vorüberziehenden Fassaden der Häuser, eingehüllt in den für die nordische Metropole so typischen graublaßlila gefärbten Morgennebel. Es ging auf Ende Oktober 1792 zu. Ein leichter Schnee lag auf den Gebäuden und verlieh jedem Ornament zusätzliches Relief. Die Stadt, die ich vor sechs Jahren verlassen hatte, hatte sich nicht verändert. Nach dem brodelnden Paris nahm ich bewundernd die strikte Disziplin und die eisige Ruhe unserer Hauptstadt wahr. Hier schien alles solide und vernünftig, verwurzelt in der Tradition und der

Religion, verankert in der Angst vor der Obrigkeit. In Frankreich war alles Bewegung und Geschrei, in Rußland Ruhe und Schweigen. Ein Blick in die Straßen, und ich begriff, daß bei uns Glück und Gehorsam ein und dasselbe sind.
Als ich die in ihrem Arbeitskabinett thronende Zarin erblickte, vermeinte ich einen Augenblick das Knie vor einer Unbekannten zu beugen. In meiner Erinnerung war sie eine zwar vom Alter gezeichnete, aber in ihrer Reife noch immer schöne Frau, nun empfing mich eine beleibte, zahnlose Großmutter mit glasigen Augen hinter ihrem mit Intarsien und Bronzebeschlägen verzierten Schreibtisch, den ich noch von früher kannte. Sie hielt mir ihre Hand zum Kuß hin, und ich entdeckte auf ihrer Haut braune Altersflecken.
Unverzüglich begann sie, mir Fragen zur gegenwärtigen Lage in Frankreich zu stellen. Während ich, so gut ich konnte, schilderte, was sich während meines Pariser Aufenthalts dort zugetragen hatte, wandte sie sich von Zeit zu Zeit ihrem neuen Favoriten zu, Platon Subow, der neben ihr saß, ein Äffchen mit faltiger Schnauze und langem haarigem Schwanz auf den Knien. Wie jedermann wußte ich, daß Ihre Majestät auch dann nicht auf Männer verzichtet hatte, nachdem Mamonow – er hatte die ausgefallene Idee, sich zu verheiraten – in Ungnade gefallen und der prunkliebende und stürmische Potemkin gestorben war. Doch Subow schien mir von geradezu bestürzender Jugend und Ungeniertheit. Ich hatte gehört, daß seine Liaison mit der Zarin schon drei Jahre dauerte, daß er sie förmlich verzaubert hatte, daß er unter der Hand zahlreiche Staatsgeschäfte führte und daß die vornehmsten Bittsteller sich vor seiner Tür drängten, als stünden sie im Vorzimmer eines Ministers. Doch alles, was man mir erzählt hatte, hatte mich nicht auf das vorbereitet, was ich in dem Augenblick erriet, da ich dem triumphie-

renden Schönling gegenüberstand. Von schmächtiger Gestalt, mit feinem Mund und kaltem Blick, fühlte er sich in seiner Rolle offenkundig derart wohl, daß ich nicht mehr wußte, ob ich ihm oder Ihrer Majestät gefallen mußte, um meinen früheren Platz in der Kanzlei zurückzugewinnen. Während ich innerlich beklagte, daß eine so große Herrscherin nicht fähig war, in ihrem Alter die natürliche Vorliebe für das starke Geschlecht im Zaum zu halten, versuchte ich, mich in meiner Rede an die Zarin und zugleich an ihren Begleiter zu wenden. Die Ehrerbietung, die ich dem frechen Platon Subow gegenüber zeigte, schien sie zu berühren. Zweifellos wollte sie sich als Frau wie als Kaiserin in der Wahl ihrer Geliebten wie ihrer Politik bestätigt wissen. Kaum hatte ich meine Ausführungen beendet, ließ sie ihrem Zorn gegen die Französische Revolution freien Lauf und bekundete leicht herablassend ihr Mitleid mit Ludwig XVI. und Marie-Antoinette. Folgte man ihr, dann waren die beiden allzu sehr auf die Forderungen des Volks eingegangen und folglich an ihrem Unglück selbst schuld. Ihrer Meinung nach, die auch Platon Subows Meinung war – er nickte nach jedem ihrer Sätze zustimmend mit dem Kopf –, stand die Monarchie nicht zur Diskussion, war sie unteilbar. In einem Punkt nachgeben hieß, das gesamte Gebäude ins Wanken und schließlich zum Einsturz zu bringen. Die wahren Verantwortlichen dieser Katastrophe waren eindeutig die Enzyklopädisten. Nun gestand Katharina II. ein, sie bedauere ihre einstige Bewunderung für die genialen Zertrümmerer. Aus ihren Werken, so meinte sie, war der Sockel der Guillotine gemacht. Nicht von ungefähr hatte sie bei der Nachricht, die revolutionäre Menge habe die sterblichen Überreste Voltaires ins Panthéon überführt, den Befehl erteilt, die Büste des berühmten Schriftstellers auf

den Dachboden des Winterpalastes zu verbannen. Dort, im staubigen Dunkel, habe er alle Zeit, die traurigen Folgen seiner Lehren zu bedenken. Sie hatte ihren Untertanen auch verboten, jene breiten, sogenannten Pariser Krawatten um den Hals zu binden, die bis ans Kinn reichten. Als sie bemerkte, daß ich der französischen Mode der letzten Jahre gemäß auf die Perücke verzichtet hatte und meine Haare *à l'antique* rund geschnitten trug, meinte sie bloß:
»Diese Frisur steht Euch nicht. Überlaßt sie den hirnlosen Männern in Frankreich. Ich nehme an, Ihr wollt Eure Arbeit an meiner Seite wieder aufnehmen?«
»Es wäre, falls es Eurer Majestät so gefällt, mein innigster Wunsch«, stotterte ich hoffnungsfroh.
»Dann müßt Ihr wieder Perücke tragen.«
»Es wird unverzüglich geschehen.«
»Wie alt seid Ihr nun?«
»Siebenunddreißig, Eurer Majestät zu Diensten.«
In diesem Augenblick sprang Platon Subows Äffchen auf meine Schulter und begann, an meinen Haaren zu zerren. Ich konnte eine Grimasse nicht unterdrücken, hütete mich aber, das Tier zu verjagen. Dessen Meister und die Zarin lachten vergnügt. Der Favorit besaß ein weiß blitzendes und regelmäßiges Raubtiergebiß. Dasjenige Ihrer Majestät wies vorne eine Lücke auf. Wenn sie den Mund öffnete, wirkte sie zehn Jahre älter. Plötzlich zwickte mich das Seidenäffchen so stark ins Ohr, daß ich aufschrie.
»Das ist ein Zeichen, daß Jacquot Euch mag«, meinte die Zarin. »Nur wenige Leute haben das Recht auf einen derartigen Freundschaftsbeweis von seiner Seite.«
Und, zu ihrem Geliebten gewandt, fuhr sie fort:
»Unser Freund Konstantin Iwanowitsch Schewezow führt eine gewandte Feder, er kennt Frankreich gut, und meine

Sekretäre brechen unter der Last der liegengebliebenen Korrespondenz zusammen. Denkst du nicht, er wäre die geeignete Person?«

»Es kostet nichts, es zu versuchen«, antwortete Platon Subow mit schleppender Stimme.

Ich erging mich in Dankesbezeigungen.

»Ich hoffe«, so die Zarin wieder zu mir gewandt, »Ihr habt in Frankreich nicht die Krankheit der Subversion aufgelesen.«

»Ganz im Gegenteil, Eure Majestät!« versicherte ich rasch. »Mich stoßen die unbedachten Regungen des Pöbels ab. Was ich dort gesehen habe, hat mich ein für allemal von meinen philosophischen Träumen geheilt.«

Dann war es still. Die Zarin und ihr Favorit blickten einander an, verständigten sich ohne Worte. Würde ich als Sieger aus dieser Prüfung hervorgehen? Das Seidenäffchen machte sich weiterhin an meinem Ohr zu schaffen, während mir ein widerlicher Geruch in die Nase stieg: Jacquot hatte sich auf meiner Schulter erleichtert. Ich rührte mich nicht.

»Sehr gut«, entschied die Zarin schließlich. »Ihr werdet Euch morgen in der Kanzlei einfinden. Ihr kennt die Örtlichkeiten. Der Leiter meiner Kanzlei, der vorzügliche Chrapowicki, wird Euch die nötigen Instruktionen erteilen.«

Die Audienz war beendet. Rückwärts gehend verließ ich den Raum. Ein auf Befehl der Zarin herbeigeeilter Lakaie nahm sich meines Rockes an, wischte die Spuren der Exkremente ab und parfümierte die beschmutzte Stelle. Beim Verlassen des Palastes befand ich mich in einer derart euphorischen Stimmung, daß mir schien, ich hätte meine Jugend wiedergefunden. Mein Abenteuer mit Laura war ausgelöscht. Ich staunte, daß ich sie so lange zu lieben geglaubt hatte. Alles, was französisch war, löste sich von mir wie die Fetzen eines bösen Traums. Vom Scheitel bis zur Sohle fühlte ich mich als Russe. Erneut in der Gunst der Zarin stehend, wollte ich nichts anderes, als in ihrem Schatten meine Laufbahn als ihr ergebener Diener weiterführen.

Da die Wohnung, die ich einst mit meiner verstorbenen Gattin bewohnt hatte, nach meiner Abreise einem anderen Palastbeamten zugeteilt worden war, richtete ich mich ganz selbstverständlich auf der gleichen Etage bei meiner Mutter ein. Diese Rückkehr zu den Gewohnheiten der Jugendzeit war lächerlich und rührend zugleich. Ich sehnte mich keineswegs nach der Freiheit des alleinstehenden Mannes, vielmehr beglückte mich die Vorstellung, beim Nachhausekommen mit jemandem reden zu können.

Als meine Mutter vernahm, daß ich meine Tätigkeit als Sekretär Ihrer Majestät wiederaufnehmen sollte, forderte sie mich auf, mich an ihrer Seite vor die Ikone in ihrem Schlafzimmer niederzuknien, um dem Himmel für die mir zuteil gewordene unermeßliche Gunst zu danken. Danach überhäufte sie mich mit Fragen, eine indiskreter als die andere. Selbstverständlich verlor ich kein Wort über meine Liaison mit Laura. Von Natur aus zur Prüderie neigend, hätte sie das freizügige Verhalten ihres Sohnes inmitten des revolutionären Sturms keinesfalls gebilligt. Hingegen erzählte ich ihr ausführlich von unserem unglücklichen Joseph Proutier; bestürzt nahm sie sein grausames Ende zur Kenntnis. Sie gestand mir, während des letzten Jahres habe sie ständig um mein Leben gebangt. Nach ihr war es allein göttlicher Fügung zu verdanken, daß ich aus dem zum Antichrist übergelaufenen Land hatte fliehen können. Hier würde ich zu Ordnung und Sicherheit zurückfinden. Dächte ich vielleicht sogar endlich daran, mich zu verheiraten? In diesem Punkt mußte ich sie enttäuschen.

»Hast du vielleicht irgendeine Französin im Kopf?« fragte sie plötzlich mit gespanntem Blick.
»Nein, nein«, versicherte ich lachend. »Beruhige dich!«
»Ich hatte große Angst, du würdest dich dort in eine dieser gottlosen koketten Pariserinnen verlieben!«
Ihre Sorge amüsierte mich. Ich fand sie sehr alt und sehr naiv zugleich: ein kleines Mädchen, das sein Gesicht mit einer abgespannten und runzeligen Maske überklebt hatte. Wie hatte ich es in Frankreich nur ohne sie aushalten können?
Am Nachmittag besuchte ich einige Freunde; alle beglückwünschten mich, der Pariser Hölle entronnen zu sein. Und bereits einen Tag später nahm ich meinen Dienst an der Seite von Chrapowicki auf, den ich seit langem kannte und dessen wohlwollender Empfang mich über meine Zukunft in der russischen Administration beruhigte.
Im Sekretariat verfolgten wir die Ereignisse in Frankreich ganz genau. Als wir vernahmen, daß Ludwig XVI. als Angeklagter vor den Nationalkonvent treten mußte, begriff ich, daß er verloren war.
»Einem König den Prozeß machen, diese Franzosen sind tollkühn!« entrüstete sich Chrapowicki. »Zum Glück wird er von guten Anwälten verteidigt!«
»Diese Anwälte, und mögen sie noch so talentiert sein, werden mit ihren Plädoyers scheitern«, erklärte ich. »Die Revolutionäre werden keine Entschuldigung, keinen mildernden Umstand zulassen. Hinter großartigen Prinzipien verbirgt sich bei ihnen ein wilder Haß auf die alte Ordnung.«
»O Gott, o Gott«, seufzte Chrapowicki, die Augen zum Himmel hebend. »Wie wird unsere teuere Herrscherin diesen neuen Schlag verkraften? Falls der König von Frankreich verurteilt wird, ist sie fähig, sich ins Bett zu legen.«

Und so geschah es. Bei der Nachricht von der Hinrichtung Ludwigs XVI. im Januar 1793 wurde die Zarin von einer derartigen Gefühlsbewegung ergriffen, daß sie das Bett hüten mußte. Sie hatte eine zu hohe Meinung von der Autokratie, als daß sie diesen schändlichen Tod eines christlichen Monarchen nicht als Angriff auf die eigene Würde empfunden hätte. Gewiß, sie hatte den Thron mit ungesetzlichen Machenschaften erobert, und mehrere Leichen, darunter diejenige ihres Gatten, säumten ihren Weg zum Ruhm. Doch seit der Palastrevolution, die sie an die Macht gebracht hatte, verstand sie sich als Hüterin der monarchischen Tradition. Ihre Legitimität fiel ihr in gewisser Weise durch den Erfolg ihres Unterfangens und die Dauer ihrer Regierungszeit zu. Das Volk von Paris, zusammengeströmt, um den Kopf des Königs von Frankreich fallen zu sehen – in ihrer Vorstellung war es die abscheuliche Verkörperung der Gefahr, die ganz Europa bedrohte.
Krank vor Ekel und Schmerz, hütete sie mehrere Tage lang das Zimmer und empfing nur Platon Subow. Dann tauchte sie wieder auf, unsicheren Schrittes und mit versteinertem Gesicht. Chrapowicki und ich unterbreiteten ihr Entwürfe von Antworten auf die zuletzt eingegangenen Schreiben. Sie stimmte ihnen zu, unterzeichnete sie und ordnete einwöchige Hoftrauer für Ludwig XVI. an. In meinen seltenen Gesprächen unter vier Augen mit ihr wetterte sie vor allem gegen den Herzog von Orléans, der aus Berechnung unter dem Namen Philippe-Egalité ein entschiedener Revolutionär geworden war und es gewagt hatte, für den Tod des Königs, seines Vetters, zu stimmen. Kurz darauf erließ sie einen Ukas, wonach alle in Rußland residierenden Franzosen einen Eid auf die Bibel abzulegen hatten, mit dem sie ihren Haß auf die ruchlose Revolution, ihre Mißbilligung

des Königsmords, ihre Achtung der Religion und ihre Treue zum künftigen Herrscher bekundeten, den sich Frankreich nach diesen verhängnisvollen Ereignissen unweigerlich geben würde. Im Falle einer Verweigerung dieses Treueaktes von sofortiger Ausweisung bedroht, drängten sich die französischen Emigranten in die katholische und in die protestantische Kirche. Schon bald wurde die Einfuhr sämtlicher französischen Güter verboten. Nicht nur durfte keine einzige französische Zeitung, kein einziges französisches Buch mehr über die Grenze gebracht werden, vielmehr mußten die Buchhändler, im Hinblick auf eine strikte Prüfung, die in ihrem Laden befindlichen französischen Publikationen und Stiche der Polizei vorlegen. Wohl blieb das Französische Theater offen, doch wurden die Vorstellungen genau überwacht, und kaum tönte dem im Parterre sitzenden Spitzel eine Replik allzu liberal, wurde das Stück vom Spielplan abgesetzt. Selbst La Harpe, der feinsinnige Lehrer der Großfürsten Alexander und Konstantin, konnte seine Stellung nur halten, weil auch er seinen angeblichen Abscheu vor den Exzessen der Französischen Revolution kundtat. Der Schriftsteller und Publizist Nowikow wiederum (nicht zu verwechseln mit dem gleichnamigen Geschäftsträger Rußlands in Frankreich), der beabsichtigten Verbreitung freimaurerischen Gedankenguts in Rußland verdächtigt, wurde auf Befehl ihrer Majestät gefangengenommen und in der Festung Schlüsselburg eingekerkert.

Außerdem hatte die Zarin von einer postum erschienenen Tragödie des Dichters Jakow Borissowitsch Knjaschnin Kenntnis erhalten, die von Fürstin Daschkowa, der Direktorin der Russischen Akademie der Wissenschaften, verlegt worden war; der Text schien der Zarin mit Anspielungen auf republikanische Theorien durchsetzt, worauf sie sämtli-

che Exemplare durch den Henker verbrennen ließ. Über diese Bücherverbrennung empört, versuchte Fürstin Daschkowa sich vor Katharina II. zu rechtfertigen, und trat, nach einem äußerst herablassenden Empfang, von der Leitung der Russischen Akademie zurück. Bereits 1790 hatte Alexander Nikolajewitsch Radischtschew in seiner Streitschrift *Reise von Petersburg nach Moskau* die Grausamkeit der Leibeigenschaft angeprangert und sich für die Befreiung der Bauern durch einen hochherzigen Akt der Herrscherin ausgesprochen. Über die Kühnheit des Schreiberlings erbost, der es wagte, ihr Ratschläge zur Regierungsführung zu erteilen, erklärte mir die Zarin eines Tages, Radischtschew sei gerade wegen seines Talents »gefährlicher als der Bandit Pugatschow«. Zum Tode verurteilt, bewahrte ihn ein kaiserlicher Gnadenerlaß vor dem Vollzug; er wurde, nach einer Prügelstrafe, für zehn Jahre nach Sibirien verbannt.
Obwohl ich den soliden Damm gegen die Flut französischen Gedankenguts befürwortete, konnte ich dennoch nicht umhin, zu denken, es sei für Rußland gefährlich, sich derart von der westlichen Welt abzuschotten. Wohl traf es zu, daß unsere vielgeliebte Kaiserin in den Zeitungen Frankreichs lächerlich gemacht und beschimpft wurde – was sie auch wußte. Diejenige, die die Pariser Publizisten »die Messalina des Nordens« nannten, warf im Kampf gegen das Land der Guillotine ihre ganze moralische Autorität in die Waagschale. Obwohl sie davon Abstand nahm, sich offen an der Seite der Verbündeten am Krieg zu beteiligen, empfing sie den Grafen von Artois, den Bruder Ludwigs XVI., mit Begeisterung. Zweifellos schmeichelte es ihr, daß ein Bourbone Zuflucht an ihrem Hof suchte. In ihrer Eigenliebe bestärkt, wollte sie, daß der Prunk im Winterpalast demjenigen von Schloß Versailles in nichts nachstand. Von Platon Subow

unterstützt, gab sie ein Fest nach dem anderen zu Ehren dieses Sohnes Frankreichs – Oberbefehlshaber eines dem Verderben anheimgestellten Königreichs. Sie unterstützte seinen Feldzug mit einer Million Rubel, versprach ihm weitere vier Millionen, falls er rasch zur Tat schreite, und empfahl ihm, nach einer symbolischen Schwertübergabe, unverzüglich nach England aufzubrechen, wo er am meisten Unterstützung finden werde. In Wahrheit wollte sie nach der von ihr vollzogenen Teilung Polens sämtliche Truppen verfügbar haben und es Österreich und Preußen überlassen, die »rote Hydra« zu ersticken. Freudig nahm sie die Nachricht vom »Verrat« Dumouriez' auf, des sogenannten »Siegers von Valmy«, der nun den Gang in die Emigration angetreten hatte; genauso erfreut war sie über die Verhaftung mehrerer Girondisten und schließlich über die Ermordung des schändlichen Marat, der dem Jakobinerklub vorstand, durch Charlotte Corday. Über diese furchtlose junge Frau sagte sie: »Sie ist eine Heilige! Sie hätte es verdient, Russin zu sein!«

Die französischen Emigranten im Umkreis der Zarin waren von hektischer Ungeduld: viele große Namen und wenige große Geister. Alle diese Entwurzelten beratschlagten sich, belauerten sich, waren aufeinander eifersüchtig, erregten sich, komplottierten und schwatzten. Ich wußte nicht, sollte ich sie ob ihres traurigen Flüchtlingsloses bedauern oder ob ihrer Oberflächlichkeit, Eitelkeit und parfümierten und gepuderten Arroganz verachten. In wenigen Monaten hatte sich die Hauptstadt Frankreichs nach St. Petersburg verpflanzt.

Oft dachte ich an Laura. Ich fragte mich, was wohl aus ihr geworden sein mochte in einer Stadt, in der nun ihre Gesinnungsgenossen den Ton angaben. Um mein schlechtes

Gewissen über den brüsken Bruch mit ihr zu beruhigen, redete ich mir ein, sie wäre wohlauf in dieser gänzlich ihren Wünschen entsprechenden neuen Gesellschaft. Vielleicht war sie inzwischen sogar die Geliebte einer einflußreichen Persönlichkeit des Nationalkonvents? Sie war zu allem fähig. Über unser gemeinsames Abenteuer Bilanz ziehend, mußte ich feststellen, daß mich noch aus der Distanz einiger Monate die Leidenschaftlichkeit ihres Körpers entzückte und die Schwärze ihrer Seele erschreckte. Allmählich verblaßte diese Erinnerung, überdeckt von Erlebnissen mit ebenso charmanten, aber unkomplizierteren Frauen. An meine einstigen Gewohnheiten anknüpfend, hatte ich kurze Abenteuer mit Kammerzofen Ihrer Majestät. Alle erheiterten mich; keine belastete mich. Zwischen ihnen und mir ging es um ein frivoles und köstliches Spiel, nicht um eine alles beherrschende Leidenschaft. Und diese Leere des Herzens war erholsam nach der mit Laura erlebten stürmischen Liebe.

Am 28. September 1793 fand am Hof ein bedeutendes Ereignis statt: Großfürst Alexander, der kaum sechzehnjährige Lieblingsenkel der Zarin, heiratete die hübsche fünfzehnjährige Prinzessin Luise Marie-Auguste von Baden. Überglücklich hatte die Braut einige Worte Russisch gelernt und war unter dem Namen Elisabeth Alexejewna zum orthodoxen Glauben übergetreten. Das unschuldige Glück des jungen Paars erfreute die Zarin, als wäre diese Eheschließung das Hauptereignis ihrer Regierungszeit. Mir wurde die außerordentliche Gunst zuteil, an der kirchlichen Feier in der großen Kirche des Winterpalastes teilnehmen zu dürfen. Rußland hatte vor kurzem drei Kriege erfolgreich beendet: die Kriege gegen Schweden, gegen das Osmanische Reich und gegen die polnischen Aufständischen. In der Kirche drängten sich neben den Höflingen zahlreiche goldbetreßte

Generäle. Anwesend waren auch Bewunderer unserer Zarin aus Schweden, Magnaten aus Polen, tatarische Khane, türkische Paschas, moldauische Abgeordnete. Die ganze Welt schien versammelt, um Katharina die Große zu ehren. Auf sie und nicht auf das Brautpaar waren alle Blicke gerichtet. Von weitem gesehen, erschien mir Ihre Majestät unter der diamantenbesetzten Goldkrone wie eine unerreichbare Göttin, im kalten und feierlichen Licht der Geschichte erstarrt. Sie war alterslos. Sie war ewig. Ich gestand mir ein, daß ich, ohne es zu wissen, mein ganzes Leben lang in sie verliebt gewesen war und daß sie mich, obwohl alt geworden, noch immer verwirrte. Hatte ich in den Armen Lauras nicht sie, ihren Willen, ihre Härte, ihren huldreichen Despotismus gesucht? Beinahe hätte ich Platon Subow beneidet, der die Unannehmlichkeit der Vereinigung mit einer Frau von vierundsechzig Jahren auf sich nahm, bloß um der Freude willen, den Duft ihres Schlafgemachs einatmen zu können.
Der Priester psalmodierte die liturgischen Gebete, der Chor sang mit voller Stimme, der Weihrauch stieg zu den Heiligenbildern der Ikonostase empor, die Brautführer hielten die Kronen über die Köpfe des Brautpaars, und ich fühlte mich stolz und freudvoll, als wäre diese Feier keine schlichte Fürstenheirat, sondern etwas Bedeutenderes, etwas Geheimnisvolleres: die innige Gemeinschaft des Volkes mit derjenigen, die es seit so vielen Jahren führte. Artilleriesalven und Glockengeläut weckten mich aus meinen Träumereien. Nach Hause zurückgekehrt, sagte ich zu meiner Mutter:
»Ich habe an der zweiten Krönung Ihrer Majestät teilgenommen.«
Einige Tage danach erreichte uns die Nachricht, Marie-Antoinette habe das gleiche Schicksal ereilt wie ihren königlichen Gemahl. Der Bericht des Geheimagenten enthielt

entsetzliche Einzelheiten: die Fahrt auf dem Karren zur Place de la Révolution inmitten der Beschimpfungen der Menge, die Stufen zum Schafott, der Schock des fallenden Messers, der Scharfrichter, der den abgeschlagenen Kopf an den Haaren emporhielt, um ihn dem Volk zu zeigen... Diesmal nahm die Zarin die Neuigkeit mit erschreckendem Gleichmut entgegen. Kein Muskel ihres Gesichtes zuckte, als ihr Chrapowicki die Depesche vorlas. In diesem Augenblick im Arbeitskabinett anwesend, warf ich einen verstohlenen Blick auf Platon Subow. Aufrecht hinter dem Sessel Katharinas II. stehend, hatte er eine Hand auf ihre Schulter gelegt. War es eine Geste des Mitleids, des Schutzes? Sie brauchte sie nicht. Langsam erhob sie sich und schritt zum Fenster.
»Öffne!« forderte sie Platon Subow auf.
»Doch erlaubt mir, Eure Majestät darauf hinzuweisen, daß es draußen eisig kalt ist. Eure Majestät könnte sich erkälten, und wie Sie weiß, hat Sie schwache Lungen...«
»Öffne!« wiederholte sie.
Bereits waren die Doppelfenster für den Winter eingesetzt worden. Rasch nahmen die Lakaien den Fensterrahmen ab. Man öffnete ein Fenster mit zwei Flügeln. Ein eisiger Wind drang in den Raum. Blätter wurden vom Tisch gefegt. Nun stand die Zarin kerzengerade vor der Fensteröffnung. Eine Haarlocke fiel ihr auf die Stirn.
»Nach diesem Pesthauch brauche ich die reine Luft Rußlands«, sagte sie kaum hörbar.
Lange stand sie so, die Augen geschlossen, eine Hand auf der Brust. Dann ging sie steifen Schrittes zu ihrem Arbeitstisch zurück, ließ sich schwer in den Sessel fallen und fragte, zu mir gewandt, mit ruhiger Stimme:
»Habt Ihr meine Antwort an den alten Schwerenöter Grimm vorbereitet?«

II

Obwohl lediglich mit Schreibarbeiten befaßt, wußte die Gruppe der Sekretäre, der auch ich angehörte, um den Gemütszustand der Zarin. Ich selbst, mit ihrer persönlichen Korrespondenz betraut, hatte zuweilen den Eindruck, ihre Freude, ihre Traurigkeit, ihr Zorn berührten mich stärker als die Wechselfälle meiner eigenen Existenz. Ich bedauerte sie wegen der drückenden Sorgen, die ihr ihre Familie bereitete. Sie haßte ihren Sohn, Großfürst Paul, der finster, mißmutig und kauzig in seinem Schloß in Gatschina lebte. Dort ließ er seiner Leidenschaft für militärische Disziplin freien Lauf, hieß seine in preußische Uniformen gekleideten Soldaten Manöver abhalten, verunglimpfte die russische Seele, die russische Kultur und lobte bei jeder sich bietenden Gelegenheit die Überlegenheit Deutschlands über die übrigen Länder Europas. Von seiner fixen Idee besetzt, terrorisierte er seine Gemahlin wie seine Kinder, seine Dienerschaft wie seine Offiziere. Seine Mutter wiederum verachtete er für ihre späten Liebschaften und wünschte offen ihr Verderben.

Über die Geistesverfassung dieses gefährlichen Sonderlings informiert, konnte Katharina II. sich nicht damit abfinden, daß er eines Tages über Rußland herrschen sollte. Bereits mehrmals hatte sie Chrapowicki zu verstehen gegeben, sie würde sich vor Gott und der Nation schuldig fühlen, änderte sie nicht zu Lebzeiten die Thronfolge. Ihre Absicht war, Paul zu übergehen und den jungen und gutherzigen Alexander zu ihrem Nachfolger zu bestimmen. Doch zeigte er, unter dem Einfluß seines Erziehers La Harpe, zunehmend Abneigung gegen den Herrscherberuf. Öffentlich äußerte er mit sanftem Blick, er verabscheue den höfischen Despotismus, das höfische Zeremoniell und die höfischen Intrigen. Er verurteilte die Exzesse der Französischen Revolution, vertrat aber zugleich die Auffassung, die »Erklärung der Menschenrechte« sei Ausdruck der edelsten Absichten und manch autokratischer Herrscher täte gut daran, sich beim Regierungsgeschäft daran zu orientieren. Sein Traum sei es, so sagte er – und ich habe es mit eigenen Ohren gehört –, sich auf das Land zurückzuziehen und dort an der Seite seiner Gemahlin ein geruhsames Leben zu führen. So entdeckten denn seine verblüfften Gesprächspartner nicht einen künftigen Zaren mit hochfliegenden Plänen, sondern einen ehrlichen Bürger, der seine häuslichen Tugenden pflegen wollte. All das war unbestritten La Harpes Theorien zuzuschreiben. Als unverbesserlicher Utopist hatte er bei seinem Schüler die Freude am Handeln unter einem Redeschwall à la Rousseau erstickt. Unter diesen Umständen war es undenkbar, daß Alexander, einmal verheiratet, weiterhin von seinem Erzieher unterrichtet würde. Noch dazu, weil dieser neuerdings an Alexanders Sohnesliebe appellierte und ihn dazu drängte, sich seinem Vater anzunähern. Die Zeit war gekommen, dem an einem gefühlsseligen Liberalismus orientierten Unterfangen einen Riegel vorzuschieben. Vor Katharina II. zitiert, wurde La Harpe barsch seine Entlassung mitgeteilt. Das Machtwort stürzte Alexander in Verzweiflung. Am Morgen, da er die Nachricht vernahm, sah ich ihn tränenüberströmt, beinahe schluchzend, das Arbeitskabinett seiner Großmutter verlassen.

Dennoch trug er es ihr nicht nach, daß sie ihm seinen Lehrer genommen hatte. Sein sanftes Gemüt und sein willfähriger Charakter bewirkten, daß er sich lieber unterwarf als sich wehrte. Stets war er hin und her gerissen. So wußte ich etwa, daß er über die Altersliebschaft der Zarin entrüstet war; aber das hinderte ihn nicht, die Freundschaft des Favoriten zu suchen. Mehr noch, er ließ es zu, daß Platon Subow seiner Gattin offen den Hof machte. Der Schamlose verfolgte die Großfürstin mit seinen Zudringlichkeiten, versuchte mit ihr allein zu sein, schickte ihr Liebesbriefchen, deutete Liebkosungen an. Jedermann im Palast wußte darum, doch weder die Großfürstin noch ihr junger Gemahl wagten es, eine so bedeutende Persönlichkeit abzuweisen. Ihre Majestät wiederum gab sich amüsiert, wenn ihr Liebhaber um eine Plaudertasche herumscharwenzelte. Dennoch, davon war ich überzeugt, litt sie unter dieser entwürdigenden Rivalität.

Eines Abends hatte sie sich in den Kopf gesetzt, Platon Subow in seiner Eigenliebe zu verletzen. Um ihn zu ersetzen, hätte sie bloß die Qual der Wahl gehabt. Weshalb sie gerade mich auserkor, ist mir noch heute ein Rätsel. Gerade als ich die Kanzlei verlassen wollte, ließ sie mich durch einen Lakaien zu sich rufen und bat mich, nachdem sie mich von oben bis unten eingehend gemustert hatte, mich bereitzuhalten, ihr nach dem Bankett zu Ehren irgendeines schwedischen Ministers ins Schlafgemach zu folgen. Sie habe, so ihre Erklärung, vor dem Schlafengehen noch zwei oder drei ganz private Briefe zu diktieren. Platon Subow, in dessen Gegenwart sie mir diese Vorladung eröffnete, taxierte mich mit einem spöttischen Lächeln. Offensichtlich befürchtete er keine Konkurrenz.

In einem kleinen Salon neben dem prunkvollen Eßsaal, wo sich das Galabankett abspielte, wurde mir ein Imbiß serviert. Die Aussicht auf die Prüfung, die mich erwartete, schnürte mir den Magen zu. Ich brachte keinen Bissen hinunter und begnügte mich mit zwei Gläsern Rheinwein, die mich angenehm wärmten, ohne mich anzuregen. Was immer er auch versucht, ein bald vierzigjähriger Mann hat nicht mehr den gleichen Elan wie ein zwanzigjähriger. Doch vielleicht ging es tatsächlich bloß um eine Arbeitssitzung. Vielleicht mußte ich meine Manneskraft gar nicht unter Beweis stellen. Dieser Gedanke beruhigte und betrübte mich zugleich.

Auf der anderen Seite der Mauer spielte ein Orchester, klapperte das Geschirr und erklang fröhliches Stimmengewirr. Ein Kammerdiener räumte den kleinen runden Tisch ab, auf dem er mir das Essen serviert hatte, und löschte, bis auf eine, alle Lichter des Kerzenständers. Im Halbdunkel versteckt, begann mir die Zeit lang zu werden.

Gegen elf Uhr abends ertönten hinter der Tür laute Stimmen. Zweifellos verabschiedete sich die Zarin inmitten der Dankesbezeigungen und Reverenzen von ihren Gästen. Kurz darauf holte mich ein Lakaie ab, um mich in die Privatgemächer Ihrer Majestät zu führen.

Der Raum, den ich betrat, war leer. Im Hintergrund stand ein breites Himmelbett. An den mit blauem Damast bespannten Wänden hingen in Goldrahmen zahlreiche Gemälde mit glänzendem Firnis. Das Parkett war beinahe gänzlich mit Perserteppichen bedeckt. Ein hoher Fayenceofen verströmte eine gleichmäßige Wärme. Man hörte die Scheite im Feuer krachen. Die Luft roch nach Harz und Moschus.

Plötzlich hob sich, genau vor mir, ein Tapetentürvorhang, und die Zarin trat ein. Sie trug einen breit gefältelten Morgenmantel aus weißem Voile, der die Knöchel halb bedeck-

te. Unter dieser durchsichtigen Wolke wirkte ihr Leib noch schwerer und unförmiger als sonst. Die Flut der gelösten grauen Haare fiel bis zu den Hüften. Watschelnd und schwer atmend kam sie auf mich zu. Ich bemerkte, daß ihre groben knotigen Füße die Pantoffeln aus rosafarbenem Samt verbeult hatten. Beim Anblick der verliebten Großmutter packte mich panische Angst. Wohl konnte ich mir wiederholen, meine Zukunft, meine Karriere, mein Glück hingen von meiner Fähigkeit ab, diese Frau zu befriedigen – doch in mir rührte sich nichts, meine Muskeln blieben schlaff. Als die Zarin vor mir stand, glaubte ich mich verloren. Doch sie wies mir einen Stuhl zu und ließ sich ihrerseits aufseufzend in einen Sessel nieder. Ich begriff, daß sie zumindest vorläufig nicht die Absicht hatte, mir den gefürchteten »Proberitt« aufzuzwingen. Zweifellos hatte sie dieses Stelldichein nur angeordnet, um Platon Subow zu ärgern und ihn zu zwingen, unruhig und reumütig zu ihr zurückzukehren. Ich war bloß ein ordinärer Köder, ein Lockvogel.
»Ich bin nicht müde«, sagte sie. »Du wirst mir einen Augenblick Gesellschaft leisten.«
Dieser einfache Satz beruhigte mich vollends.
»Es wird mir eine Ehre sein, Eure Majestät«, stotterte ich.
»Ach, lassen wir diese Floskeln! Bist du fähig, mit mir ein freimütiges Gespräch zu führen, als wäre ich nicht deine Herrscherin?«
»Gewiß, wenn Eure Majestät es so wünschen.«
»Zur Zeit habe ich nur Sorgen. Ich werde von allen Seiten bedrängt.«
»Ich weiß, Eure Majestät. Da ich mit Eurer Privatkorrespondenz betraut bin, weiß ich um das Ausmaß Eurer Verantwortung...«
Die Zarin bedankte sich mit einem Lächeln. Wir wechsel-

ten einige banale Sätze über die kürzlich erfolgten Ernennungen am Hof, dann schnitt sie das Thema an, das ihr wirklich am Herzen lag: das Zögern ihres Enkels Alexander angesichts der Möglichkeit einer baldigen Thronbesteigung. Alexanders jüngerer Bruder, Großfürst Konstantin, war ein grimmiger, engstirniger und unfähiger Mensch. Sein Vater, Großfürst Paul, drohte das Land mit seinen Launen in die schlimmste Katastrophe zu führen. Nur Alexander hatte das Zeug zu einem Staatsmann. Weshalb zum Teufel spielte er vor seinem Schicksal Verstecken? Wie konnte ihm bewußt gemacht werden, welch bewundernswerte Rolle ihn, wenn er nur wollte, an der Spitze Rußlands erwartete? Elisabeth Alexejewna, seine sanfte Gemahlin, half ihm kaum, von seinen Träumen loszukommen. Ich stimmte der Analyse Ihrer Majestät zu und legte ihr respektvoll nahe, den Großfürsten nicht mehr in seinen Vorlieben für das liberale Gedankengut zu verletzen, sondern ihm vor Augen zu führen, daß sein Vater, sollte er den Thron besteigen, sich jeder Reform erbittert widersetzen würde, während er, Alexander, sollte er die Geschicke seines Volkes leiten, die weisen Lehren La Harpes würde umsetzen können. So könnte er, anders als die abscheuliche Französische Revolution, beweisen, daß ein aufgeklärter Monarch das Wohl seiner Untertanen fördern kann, ohne deshalb gleich das Reich in seinen Grundfesten zu erschüttern.

»Das ist gar nicht so dumm«, meinte die Zarin. »Man muß ihn tatsächlich davon überzeugen, daß er dazu bestimmt ist, das französische Ideal in Rußland zu verwirklichen, allerdings ohne Blutvergießen, und daß er sich einer so edlen Aufgabe nicht einfach aus persönlichen Gründen entziehen darf. Er hat ein gutes Herz, er wird auf mich hören ...«

Sie überlegte kurz und fügte dann hinzu:

»Ich selbst habe mir oft gesagt, daß nicht alles, was sich die Hitzköpfe Frankreichs ausgedacht haben, zu verwerfen ist. Doch sobald sie in die Praxis umgesetzt werden, enden die hochfliegenden Gedanken im Blutbad. Der Fehler der Anhänger der Französischen Revolution war, daß sie alles gleichzeitig verändern wollten: die Institutionen und die Menschen. Das ist unmöglich. Man muß in kleinen Schritten vorgehen, den Gemütern genügend Zeit lassen, damit sie sich auf die neue Weltanschauung einstellen können... Rußland, vor allem Rußland, kann sich nur sehr langsam und sehr vorsichtig entwickeln. Unser Volk ist durch Tradition und Religion wie betäubt. Es brüsk zu wecken wäre ein verhängnisvoller Fehler. Wer die Schranken der Moral, des Glaubens und der Autorität niederreißt, der setzt in der Menge die niedrigsten Instinkte frei. Die Schafe verwandeln sich in reißende Wölfe. Gott behüte unser Land vor einer Freiheit, die im Namen irgendwelcher menschenfreundlicher Überlegungen ohne Lehrzeit einfach aufgezwungen würde. Es ist richtig, das Volk zu lieben, doch es ist falsch, ihm die Zügel schießen zu lassen!«
Zum ersten Mal sprach die Zarin so ausführlich über ein so ernstes Thema. Zudem duzte sie mich erneut. Ich hatte also ihre Wertschätzung nicht verloren. Jedes Wort des auf französisch geführten Gesprächs bleibt in mein Gedächtnis eingegraben. Die Stimme meines Gegenübers hatte noch von der Kindheit her einen starken deutschen Akzent. Dennoch fiel es mir schwer, mich daran zu erinnern, daß diese Frau, die so trefflich den Ruhm Rußlands verkörperte, ursprünglich eine kleine deutsche Prinzessin gewesen war, eine Fremde an einem Hof, dessen Sprache sie nicht verstand. Plötzlich war mir, als vertraue sie mir ihre Philosophie der Macht an, da sie ihr Ende nahen fühlte.

»Eure Majestät sollte sich keine derartigen Gedanken machen: noch ist es viel zu früh, die Modalitäten der Nachfolge ins Auge zu fassen«, wagte ich einzuwerfen.
»Glaub das nicht, Konstantin Iwanowitsch. Ich bin müde. Und ich will nicht verschwinden, bevor ich nicht die Gewißheit habe, daß der Erbe der Krone, wer immer er auch sein mag, mein Werk weiterführt. Es ist wichtig, vor dem Abgang die eigenen Angelegenheiten zu ordnen. Sonst geht nachher alles drunter und drüber. Wie auch immer, ich habe ein ruhiges Gewissen. In meiner gesamten Regierungszeit hat mich nur etwas umgetrieben: die Größe des Vaterlandes.«
Sie sprach diese Worte mit soviel Inbrunst, daß ich noch heute stolz bin, sie gehört zu haben. Dann streckte sie die Hand aus und strich mir mit mütterlicher Geste über die Wange:
»Du bist ein guter Junge. Du kannst zuhören...«
Ich küßte ihre Fingerspitzen. Sie dufteten nun nicht mehr, wie einst, nach Mandelmilch, sondern nach Veilchen. War es ein Zeichen des Wandels ihres Geruchssinns oder ihrer Sinne überhaupt? Ich war vor Glück wie betäubt. Die Kaminuhr schlug drei Uhr morgens. Die Zarin läutete ein silbernes Glöcklein. Sofort brachte ihr eine Kammerzofe ein Glas Mandelmilch für die Nacht und fragte sie, ob sie gleich zu schlafen wünsche.
»Noch nicht«, erwiderte die Zarin. »Etwas später. Ich werde wieder nach dir klingeln.«
Die Dienerin schien über die Gegenwart eines Mannes im Schlafgemach Ihrer Majestät keineswegs erstaunt. Sie knickste und zog sich zurück, während die Zarin das Glas an ihre Lippen führte. Ich beobachtete sie beim Trinken und dachte bei mir, sie sehe aus wie jene beinahe kahle alte Löwin,

die ich in Paris in der Menagerie eines Raubtierbändigers gesehen hatte. Ihr Augenlider senkten sich. Ihr Atem ging stoßweise.
»Nun kannst du gehen«, murmelte sie schließlich. »Sag niemand, was ich dir an diesem Abend gesagt habe. Unsere Existenz, das Leben der Großen dieser Welt, ist ein Schauspiel. Von Zeit zu Zeit mag es uns belieben, unsere Maske abzulegen. Doch das dürfen die anderen nicht wissen.«
Ich kehrte nach Hause zurück, von Dankbarkeit durchdrungen. Wider alle Logik war mein Gefühl dasjenige eines erhörten Liebhabers. Als sie meine Schritte im Gang hörte, trat meine Mutter in Nachtgewand und Haube aus ihrem Zimmer, eine Kerze in der Hand:
»Ich habe mir Sorgen gemacht. Woher kommst du?«
»Aus dem Palast. Ich war bei Ihrer Majestät...«
Sie lächelte und drohte mir schelmisch mit dem Finger, so wie sie es in meiner Kindheit getan hatte:
»Ich war mir sicher! Gut, sehr gut, Konstantin! Nun darfst du nicht loslassen! Die Neider werden es darauf angelegt haben, dir Steine in den Weg zu legen!«
Ich beeilte mich, sie eines Besseren zu belehren:
»Aber Mama, was stellst du dir vor? Ihre Majestät hat mich zurückbehalten, um eine dringende Arbeit unter ihrer Aufsicht zu beenden. Dann haben wir miteinander geredet, offen geredet, und darüber die Zeit vergessen...«
»Vielleicht ist es besser so«, seufzte meine Mutter. Und kehrte, nachdem sie mich umarmt hatte, ruhig in ihr Schlafzimmer zurück.
Am nächsten Tag nahm mein Leben im Palast seinen gewohnten Gang. Platon Subow, über meinen kurzen Abstecher in das Schlafgemach Ihrer Majestät sichtlich beunruhigt, hörte auf, Großfürstin Elisabeth Alexejewna zu belä-

stigen, und war nun wieder hingebungsvoll um die Zarin bemüht. Diese war ihm so dankbar, daß ich zutiefst beklagte, daß sie in ihrem Alter und in ihrer Stellung auf die Machenschaften des skrupellosen Intriganten hereinfiel. Sie verschlang ihn mit den Augen, betraute ihn mit den heikelsten Aufgaben und erklärte, dank der Ratschläge ihres Mentors werde es ihr gelingen, die polnische Angelegenheit zu regeln.

In Wahrheit herrschte jenseits der Grenzen noch immer das totale Chaos. Nach der zweiten Teilung Polens brachen erneut Unruhen aus in diesem unglücklichen Land, das – trotz der väterlichen Führung des einst von Katharina auf den Thron gesetzten Fürsten Stanislaw Poniatowski – die russische Schirmherrschaft noch immer hartnäckig ablehnte. Von aufständischen Banden unter dem Kommando von General Kościuszko aus Warschau und Krakau vertrieben, hatten sich die Russen bald wieder gefaßt. Der schreckliche und geniale Suworow hatte die Aufständischen vernichtet, ihren Anführer gefangengenommen und Warschau nach blutigen Kämpfen zurückerobert. Katharina II. jubelte, denn, so sagte sie, indem sie die Polen zur Vernunft brachte, widersetzte sie sich der Ausbreitung der französischen Revolution.

Die Nachrichten aus Frankreich waren weniger erfreulich. Die Pariser Hitzköpfe gaben nicht auf. Von erstaunlichen patriotischen Gefühlen getrieben, hielten die aus Bettlern zusammengesetzten französischen Truppen dem Koalitionsheer stand und errangen zuweilen sogar überragende Siege. Im Zuge dieser militärischen Erfolge nahmen im Land selbst Denunziationen und Massaker wieder zu. Der Kalender wurde abgeändert, die Monate erhielten poetisch klingende Namen, es wurde zur Göttin Vernunft gebetet, doch weiterhin wurden Köpfe abgeschlagen. Laut den Berichten unserer Geheimagenten tagten die Revolutionsgerichte ununterbrochen. Symbol der französischen Nation war nicht mehr der Freiheitsbaum, sondern die Guillotine. Die von Robespierre und seinen Freunden errichtete Schreckensherrschaft wütete nun unter sämtlichen Bevölkerungsschichten, so daß inzwischen niemand mehr vorgeben konnte, er sei unschuldig. Schließlich – es war nur ausgleichende Gerechtigkeit – erklomm auch Robespierre, der »Unbestechliche«, der blutrünstige Fanatiker, samt Gesinnungsgenossen die Stufen des Schafotts. Die gleiche Volksmenge, die sie bejubelt hatte, beschimpfte sie nun und forderte ihren Tod. Nun waren sie nicht mehr Henker, sondern Opfer. In meinen Augen war Frankreich inzwischen eine Arena, wo sich wütende Hunde unter dem Heulen der Meute gegenseitig zerfleischten. Wie lebte es sich gut in Rußland, verglichen mit diesem vom Wahn erfaßten Land! Hier, hier fühlte ich mich in Sicherheit, mir fehlte es an nichts, und im Vorzimmer der Zarin machte ich meine oberflächlichen Eroberungen.

Bei der Nachricht von der Hinrichtung Robespierres zitterte Ihre Majestät vor Freude und ordnete einen Dankgottesdienst an. Dennoch ging die Revolution weiter, chaotisch und absurd. Nach der Zerschlagung der Kommune nahm der Nationalkonvent die Staatsgeschäfte wieder in die Hand. Die sterblichen Hüllen von Marat und Jean-Jacques Rousseau wurden ins Panthéon überführt und auf dem Champ-de-Mars die Siege der Republik gefeiert.

Einige Zeit danach erhielten wir in der Kanzlei ein kurzes Schreiben von Malvoisin, das für mich persönlich bestimmt war. Er teilte mir auf vier Zeilen den Tod der Bürgerin Laura Jouhanneau mit, von der ich ihm oft erzählt hatte. Sie war am 29. Juli 1794, zusammen mit weiteren Anhängern Robespierres, guillotiniert worden. Von Chrapowicki aufmerksam beobachtet, las ich die lakonische Nachricht dreimal hintereinander durch. Dann schoß mir das Blut ins Gesicht. Laura, nackt und enthauptet, warf mir vor, sie verlassen zu haben. Von Abscheu erfüllt, schützte ich ein Unwohlsein vor, um die Arbeit vorzeitig verlassen zu können, und begab mich nach Hause.

Meine Mutter war nicht da. Unsere junge Dienerin trällerte in der Küche. Ich warf mich aufs Bett. Auf dem Rücken liegend, die Augen zur Decke gerichtet, versuchte ich mir Lauras Gesicht und Stimme ins Gedächtnis zu rufen. Doch je mehr ich mich bemühte, die Erinnerung an sie wachzurufen, um so mehr entzog sie sich mir, wie von einem heftigen Wind verweht. In meiner Erinnerung zogen die Wechselfälle unseres gemeinsamen Lebens an mir vorbei, doch konnte ich die Farbe ihrer Augen, die Melodie ihres Lachens, den Duft ihrer Haut nicht mehr wiederfinden. Einst hatte ich mich derart angestrengt, sie aus meinem Denken auszumerzen, daß ich mich nun entäußert und betrogen fühlte, alleingelassen mit einem farblosen und stummen Gespenst. Wie kam es, daß ich von dieser Frau nichts bewahrt hatte, obwohl ich sie so unsäglich begehrt, so unsäglich liebkost hatte? Nach und nach beruhigte ich mich. Meine Sorge, meine Gewissensbisse schienen mir unzeitgemäß. Das Leben nahm wieder seinen gewohnten Gang – mit der unausweichlichen Regelmäßigkeit der Flut, die eine Sandbank bedeckt. Gewiß, ich hatte Laura nicht ersetzt. Doch brauchte ich wirklich eine Mätresse, wenn es mir für die Liebe an köstlichen Gespielinnen nicht mangelte und wenn mich die Zarin mehr denn je mit ihrer Aufmerksamkeit beehrte?

III

Prägendes Ereignis für die Historiker zu Beginn des Jahres 1796 ist der unsinnige Feldzug, den Platon Subow gegen Persien auslöste, Höhepunkt des Winters bleibt für mich das Geschenk, das mir die Zarin anläßlich der Darbringung der Neujahrswünsche überreichte. Am 1. Januar empfing sie mich ohne Zeugen in ihrem Arbeitskabinett, bedankte sich für meine guten Wünsche für politischen Erfolg und Gesundheit und eröffnete mir dann, als Dank für meine treuen Dienste erhielte ich fünf Dörfer mit siebenhundertdreiundfünfzig Leibeigenen im Gouvernement Nowgorod. Mir war, als durchbräche ein Sonnenstrahl die dicke Nebelschicht. Einst hatten meine Eltern zur Deckung ihrer Schulden alle Ländereien veräußern müssen, nun durchdrang mich bei der Nachricht, wir würden, dank Ihrer Majestät, erneut ehrenwerte Grundbesitzer sein, ein tiefes Glücksgefühl. Ich fiel vor meiner Wohltäterin in die Knie und versicherte sie meiner unerschütterlichen Ergebenheit für die Sache der Monarchie. Daß Platon Subow beim Gespräch nicht zugegen war, ließ mich die mir zuteil gewordene Auszeichnung noch höher schätzen. Obwohl ich nie Zutritt zum Bett der Zarin gehabt hatte, kam ich nun – meiner bescheidenen Stellung entsprechend – in den Genuß derselben Freigebigkeit wie einige ihrer Favoriten. Was mehr konnte ich mir erhoffen?

Mit einer Handbewegung gebot sie mir, mich zu erheben und ihr gegenüber Platz zu nehmen; dann sprach sie, wie damals, als sie mich nächtens in ihrem Schlafgemach empfangen hatte, von den Sorgen, die ihr ihre Familie bereitete. Selbstverständlich unterhielten wir uns auch über Alexanders Unentschlossenheit, der mal die Nachfolge seiner Großmutter antreten wollte, mal dieses Ansinnen mit dem Hinweis auf die seinem Vater geschuldete Sohnesliebe von sich wies. Über das Zögern ihres Enkels verärgert, hatte Katharina II. allein entschieden und heimlich ein Manifest verfaßt, worin sie ihn zum Erben der Krone ernannte. Dieses Dokument hatte sie, so ihr Hinweis, in eine Kassette eingeschlossen, zu der sie allein den Schlüssel besaß. Was immer auch geschehen mochte, zu Beginn des kommenden Jahres würde sie das Dekret veröffentlichen.

»Weshalb nicht bereits jetzt, Eure Majestät?« fragte ich.

»Weshalb die Eile?« erwiderte sie. »Unser Alexander ist noch nicht fähig, die Vorteile des außergewöhnlichen Schicksals zu erkennen, zu dem ich ihn bestimmt habe. Lassen wir ihm Zeit, sich mit dem Gedanken der Macht vertraut zu machen. Und überhaupt, zuerst will ich diese reizende schwedische Angelegenheit regeln...«

Ich wußte, daß die Zarin entschlossen war, ihr jüngstes Enkelkind, die dreizehnjährige Großfürstin Alexandra Pawlowna, mit dem erst achtzehnjährigen König von Schweden, Gustav IV., zu verheiraten. Die Heirat sollte, so ihr Kalkül, die wenigen seit Kriegsende noch bestehenden politischen Unstimmigkeiten zwischen den beiden Ländern beheben. Es war Platon Subow, zum Minister für Auswärtige Angelegenheiten avanciert, der die Verhandlungen leitete. Diese waren auf gutem Weg, doch betrachtete es der schwedische Hof als unabdingbar, daß die künftige Köni-

gin zum protestantischen Glauben übertrete, während unsere Herrscherin der Auffassung war, ihre Enkelin von kaiserlichem Geblüt könne auf diese Bedingung keinesfalls eingehen.
»Die Schweden werden schließlich nachgeben«, meinte sie. »Platon ist ein energischer Unterhändler. Was ich fordere, ist keineswegs übertrieben: für meine kleine Alexandra das Recht, ihren Glauben zu behalten und in Stockholm eine eigene Kapelle und eigene Priester zu haben... Wie denkst du darüber?«
»Ich bin in der Tat der Meinung, eine russische Fürstin von ihrem Rang dürfe das Taufsakrament nicht verleugnen.«
»Du bist immer einer Meinung mit mir! Langsam wird das langweilig«, bemerkte sie mit einem melancholischen Lächeln.
Da ich befürchtete, unser Gespräch sei damit beendet, versuchte ich, das Interesse Ihrer Majestät für die französischen Angelegenheiten zu wecken: die Bemühungen des Direktoriums zur Wiederherstellung der Ordnung, die unglaublichen Erfolge der republikanischen Armeen in Belgien, Holland, auf der linken Rheinseite, die plötzliche Bekanntheit eines gewissen General Bonaparte, der im vergangenen Oktober den Marsch der royalistischen Aufständischen auf den sich auflösenden Nationalkonvent abgewehrt hatte – war sie nicht der Auffassung, daß es hier Anzeichen für eine Erneuerung gab? Die Zarin gebot mir mit einer schneidenden Handbewegung innezuhalten:
»Schweig! Dieses Land interessiert mich nicht mehr! Ich wollte, es wäre von der Landkarte ausradiert!«
Ich ließ es mir gesagt sein; schon wollte ich mich zurückziehen, als Platon Subow in ihr Arbeitskabinett eintrat. Sie empfing ihn freudig wie eine Braut. Ihr Gesicht strahlte mit

allen Runzeln, allen Schwellungen. Mein Herz schnürte sich vor Mitleid zusammen. Würde sie ihm von der soeben gemachten Schenkung erzählen? Zum Glück tat sie es nicht. Wir wechselten lediglich einige belanglose höfische Floskeln. Zweifellos war es der Wille Ihrer Majestät, daß die Schenkung ein Geheimnis unter uns blieb. Kurz darauf, ich ging eben auf die Tür zu, faßte mich Platon Subow am Arm und flüsterte mir ins Ohr:
»Ihr habt Glück! Die Erde um Nowgorod ist fruchtbar.«
Also wußte er es! Leiser Groll stieg in mir auf. Doch er legte sich bald. Als ich nach Hause kam, war meine Freude so offenkundig, daß mich meine Mutter bereits an der Tür fragte, welch gute Neuigkeit ich denn brächte. Ich erzählte ihr alles. Sie weinte vor Dankbarkeit. Mit ihr freute ich mich, nun wieder in der russischen Erde verwurzelt zu sein. Für uns war es keine bloße Belohnung: es war eine Auferstehung.
»Ich habe nie etwas gesagt, aber ich habe darunter gelitten, daß wir auf dem Land kein eigenes Stück Erde mehr hatten mit Feldern, Tieren und Bauern«, seufzte meine Mutter. »Das ist das wahre russische Leben...«
Sie wollte unverzüglich um eine Audienz bei der Zarin nachsuchen, um ihr ihre Dankbarkeit auszudrücken. Ich wußte, wie ungeschickt sich meine Mutter benahm, wenn sie aufgeregt war, und konnte sie, wenn auch nicht ohne Mühe, von einem Palastbesuch abhalten. Da schrieb sie einen langen Brief und bat mich, ihn Ihrer Majestät persönlich zu übergeben. Es war ein derart seichtes Schreiben, daß ich es, ohne ihr davon zu erzählen, zerriß. Tags darauf versicherte ich ihr, die Zarin habe ihr Dankesschreiben gelesen und sei darüber sehr gerührt gewesen.
Ich war ungeduldig, meine Ländereien in Besitz zu neh-

men. Sobald mit der Schneeschmelze die Straßen passierbar wurden, brachen meine Mutter und ich auf, um das Gut zu besichtigen, das uns in den Schoß gefallen war. Mein erster Eindruck war, daß die Dörfer arm und die Felder schlecht bestellt waren. Der Gutsverwalter, ein gewisser Kapustin, versicherte uns, er wolle die Reorganisation der Bewirtschaftung in die Hand nehmen. Er machte einen durchtriebenen, aber fähigen Eindruck. Ich beschloß, ihn auf seinem Posten zu belassen. Auf meine Bitte hin versammelte er die Muschiks vor dem Herrenhaus. Sie standen in mehreren Reihen, eng aneinander gedrängt, mit tief ins Gesicht gezogenem Hut und fliehendem Blick. Ich hielt eine kurze, in väterlichem Ton gehaltene Rede über die Notwendigkeit von Arbeit, Gehorsam und Ehrlichkeit. Verstanden sie mich? Ich bezweifle es. Sie schienen verängstigt. Meine Mutter, über ihren neuen Stand als Gutsbesitzerin in höchster Aufregung, wollte ebenfalls zu ihnen sprechen. Ich konnte sie nicht daran hindern. Mit zitternder Stimme, die Augen zum Himmel erhoben, erklärte sie den Bauern, wir befänden uns auf kaiserlichen Willen hier, weshalb sie uns dieselbe Achtung schuldeten wie Ihrer Majestät. Dann, von der eigenen Beredsamkeit mitgerissen, rief sie pathetisch:
»Wenn ihr an Gott glaubt, dann werdet ihr eure Aufgaben als Leibeigene mit ebensoviel Hingabe erfüllen wie eure religiösen Pflichten!«
Ich berührte ihren Arm zum Zeichen, daß sie zu weit ging. Sie musterte mich mit dem Ausdruck zornigen Erstaunens. Die weißen Federn ihres Filzhutes mit hochgeschlagener Krempe bewegten sich im Wind. Die Muschiks waren auf die Knie gefallen.
»Erhebt euch!« befahl sie hoheitsvoll. »Und nun, geht an die Arbeit!«

Kaum waren sie auseinandergegangen, bemerkte Kapustin zu uns:
»Es sind alles Schufte und Trunkenbolde. Wenn Ihr zu gut zu ihnen seid, dann werden sie Euch auf der Nase herumtanzen! Ihr habt gut getan, *Barinja*, in festem Ton zu ihnen zu sprechen!«
Meine Mutter plusterte sich auf. Als ich sie dem Landleben derart zugetan sah, konnte ich in ihr nur mit Mühe die nach mondänen Lustbarkeiten hungernde Frau meiner Jugend wiedererkennen. Zweifellos lag es an den unter mißlichen Umständen in St. Petersburg verbrachten Jahren, daß sie nun so plötzlich Geschmack an den Annehmlichkeiten der Provinz und der häuslichen Allmacht fand. Nie wurde sie müde, unser Gut abzuschreiten und vor jedem Grashalm und jedem Kieselstein in Bewunderung auszubrechen. Vor allem das Haus hatte es ihr angetan. Mit der gedeckten Terrasse und den unvermeidlichen weißen Säulchen, die den dreieckigen Dachgiebel stützten, beherrschte das geräumige Holzgebäude das Dorf Danilowo. Die Farbe blätterte ab, der Fußboden wellte sich, die Fenster waren undicht, doch konnte es nicht allzu schwierig sein, diese Ruine zurechtzuflicken, dies um so mehr, als es, so Kapustin, unter den Leibeigenen zwei ausgezeichnete Schreiner gab.
»Sie sollen die Arbeit unverzüglich aufnehmen«, sagte meine Mutter bestimmt.
Und, mir mit einer Geste Schweigen gebietend, gab sie persönlich dem Verwalter die nötigen Anweisungen:
»Diese Tür ist zuzunageln, sie dient zu nichts. Diese Trennwand ist niederzureißen, damit ein großer Raum entsteht. Hier, an der Wand, will ich eine stabile Sitzbank, damit man den Garten bewundern kann, ohne einen Stuhl vor das Fenster schleppen zu müssen...«

Kapustin stand mit hängenden Schultern da, notierte alles in seinem Notizbuch und murmelte von Zeit zu Zeit: »Sehr wohl, *Barinja*...Wird gemacht, *Barinja*...«

Ich für meine Person war in den Hintergrund gedrängt. So als hätte nicht ich, sondern meine Mutter das Gut als Belohnung erhalten. Ihre Begeisterung amüsierte und rührte mich zugleich. Die reine Luft von Danilowo hatte ihr anscheinend die Lebhaftigkeit und Autorität ihrer jungen Jahre zurückgegeben.

In Erwartung unseres Besuchs hatte Kapustin ein Zimmer mit zwei durch einen Paravent getrennten Betten einigermaßen ordentlich herrichten lassen. Meine Mutter und ich verbrachten dort Seite an Seite eine ruhige Nacht und wurden am Morgen durch Vogelgezwitscher geweckt. Ich hatte vorgehabt, nach zwei Tagen abzureisen. Doch meine Mutter protestierte:

»Wir sind kaum angekommen. Ich fühle mich hier sehr wohl. Wir sollten noch einige Tage bleiben.«

Ich erklärte ihr, wegen der in der Kanzlei anstehenden Arbeit könne ich St. Petersburg keinesfalls länger fernbleiben.

»Es ist traurig, ein so schönes Gut zu besitzen und nicht nach Belieben davon profitieren zu können«, seufzte sie.

»Als Vater noch lebte, seid ihr nie aufs Land gefahren!« wandte ich ein.

»Damals war ich jünger und hatte andere Interessen. Doch wenn es Monate, ja Jahre dauert, bis wir wieder hierherkommen, dann werde ich sterben, bevor ich Danilowo wiedergesehen habe!«

»Sei unbesorgt, Mama, wird werden wiederkommen, ich verspreche es dir...«

»Wann?«

»Ich weiß es nicht. Der Dienst an der Seite Ihrer Majestät

erlaubt es mir nicht, nach eigenem Gutdünken zu kommen und zu gehen.«
Es genügte, daß ich den »Dienst an der Seite Ihrer Majestät« erwähnte, und schon erwachte meine Mutter, voller Ehrfurcht, aus ihren Träumereien. In den folgenden Stunden versagte sie sich denn auch jede weitere Forderung und jede Laune. Aus Angst, der Zarin zu mißfallen, schlug sie mir sogar vor, früher abzureisen.
In St. Petersburg zurück, stellte ich fest, daß ich ein anderer Mensch geworden war: größer, stärker, mit einem Stück Rußland im Rücken. Eben noch, da war ich bloß ein Schreiberling mit löchrigen Sohlen und leeren Taschen. Nun regierte ich, einem Herrscher gleich, über Menschen, mir waren Seelen anvertraut; meine Rolle war es, zu befehlen, zu belohnen, zu strafen... Wahr ist, daß die mir nun zustehende Verfügungsgewalt über Hunderte von Menschen mich dazu brachte, diese zu lieben, auch ohne sie zu kennen. Kapustin hatte mir die Liste meiner Bauern übergeben. Immer wieder las ich sie herunter, mit einer Mischung aus Rührung und Stolz. Wie konnten es einige Griesgrame wagen, die Leibeigenschaft zu verurteilen? Diese althergebrachte Ordnung verlieh dem Besitzer ein profundes und heiteres Verantwortungsbewußtsein. Sie machte aus ihm den wohlwollenden Vater einer weitverzweigten Familie. Ich für meine Person erkannte mich als besseres Wesen, seit ich Leibeigene besaß.
Bei meiner Rückkehr hatte sich fiebrige Aktivität des Hofes bemächtigt. Es wurden Vorbereitungen getroffen für den Empfang Gustavs IV. von Schweden, der sich mit Großfürstin Alexandra verloben sollte. Zwar war die Angelegenheit noch nicht völlig geregelt, doch Platon Subow ließ durchblicken, die Schweden würden, einmal vom Strudel der Fe-

stivitäten mitgerissen, schließlich auf ihre absurden Forderungen in Glaubensdingen verzichten. Zehnmal verschoben, trafen der König und sein Onkel, Herzog von Södermanland und Regent des Königreichs, erst im August 1796 ein. Alexandra und Gustav, die sich noch nie gesehen hatten, verliebten sich auf den ersten Blick. Unsere Zarin verfolgte sie mit zärtlichen Blicken und freute sich, daß ihr politisches Kalkül nun auch vom Gefühl gekrönt wurde.

Am Montag, dem 11. September 1796, drängte sich eine prächtig gekleidete Menge in den großen Palastsaal, um an den Verlobungsfeierlichkeiten teilzunehmen. Mein niedriger Rang erlaubte es mir nicht, mich unter die Diplomaten, Würdenträger des Zarenreichs und hohen ausländischen Gäste zu mischen, doch nach einer Stunde verließ ich, von Neugier getrieben, die Kanzlei, um mehr zu erfahren. Als ich vor den Türflügeln des gewaltigen Saals stand, wo der Empfang stattfand, vernahm ich ein dumpfes Raunen und sah die Zarin, auf den Arm ihres Enkels Alexander gestützt, den Raum verlassen. Sie ging schleppend, durch ihren langen Hermelinmantel behindert, und nur mit übermenschlicher Anstrengung vermochte sie sich unter dem Gewicht ihrer schweren Krone aufrecht zu halten. Ihre Wangen waren mit roten Flecken übersät. Ihr Blick war abwesend. Sie schritt an mir vorüber, ohne mich wahrzunehmen.

Kurz danach erfuhr ich durch einen befreundeten Flügeladjudanten, daß Gustav IV., nach hartem Ringen um die letzten Klauseln des Verlobungsvertrags in einem angrenzenden Salon, das von ihm erhoffte Versprechen schließlich nicht abgegeben hatte. Verwirrung und Fassungslosigkeit breiteten sich aus, und die Feier mußte in letzter Minute abgesagt werden. Die verschmähte Braut fiel sogar in Ohnmacht. Welche Demütigung für unsere Herrscherin! Und noch dazu in Gegenwart eines ebenso brillanten wie scharfzüngigen Publikums! Die europäischen Höfe würden es nicht versäumen, über diesen diplomatischen Mißerfolg zu lästern. Ich kehrte, zutiefst beschämt, in die Kanzlei zurück und grübelte über die als persönliche Beleidigung empfundene Niederlage nach. In meiner Naivität fragte ich mich, ob ein derart gravierender Fauxpas nicht als Vorwand zur Wiederaufnahme der Feindseligkeiten zwischen Rußland und Schweden dienen könnte.

Die Zarin war so verärgert und müde, daß sie in der Nacht einen Schwächeanfall erlitt. Dennoch behandelte sie Gustav IV. in den folgenden Tagen weiterhin mit ausgesuchter Höflichkeit, so als hätte er ihr nicht die größte Schmach ihrer gesamten Regierungszeit zugefügt. Nachdem der König und der Regent nach Schweden abgereist waren, schien sie wieder Gefallen an der Macht zu finden. Mir jedoch, der ich sie jeden Tag traf, fielen die Starrheit ihres Blicks und das Zittern ihrer Hände auf. Sie beklagte sich häufig über Krämpfe, gegen die sie mit Fußbädern in eiskaltem Meerwasser angehen wollte. Die großen Empfänge, auf die sie einst so erpicht gewesen war, langweilten sie nun. Den Höflingen zeigte sie sich nur noch am Sonntag, beim Besuch des Gottesdienstes. Der Kreis ihrer Vertrauten wurde so eng, daß Platon Subow ihr lachend ihre »germanische Ungeselligkeit« vorwarf. Obwohl sie Heiterkeit vortäuschte, erriet ich, daß der Gedanke an den nahenden Tod sie heimsuchte. Mehr denn je beschäftigte sie sich mit ihrer Nachfolge. Das Dekret, mit dem sie ihren Enkel Alexander, und nicht ihren Sohn Paul, zum Thronerben bestimmte, lag seit langem bereit. Sie beschloß, dessen Erlaß vorzuziehen und es am 24. November 1796, dem Fest der heiligen Katharina, ihrer Namenspatronin, feierlich zu verkünden. Als ich sie

zu ihrem weisen Entschluß beglückwünschte, erwiderte sie:
»In meinem Alter zählen einzig jene Dinge, die aus der Sorge um die Nachwelt entstehen.«
Dennoch freute sie sich ungemein über die Nachricht, der französische General Moreau habe übereilt den Rückzug über den Rhein antreten müssen. Das Direktorium erschien ihr ebenso verabscheuenswert wie der Nationalkonvent. Sie hoffte, die Vernichtung des königsmörderischen Frankreich zu erleben.
»Werde ich noch lange genug leben?« bemerkte sie eines Tages in meiner Gegenwart.
Ich versicherte ihr, es sei falsch, sich mit derart trüben Gedanken zu befassen; im übrigen sehe sie seit einer Woche viel besser aus.
»Erzähle mir von dir!« warf sie ein, um das Thema zu wechseln. »Bist du nach Danilowo zurückgekehrt?«
»Nein, Eure Majestät.«
»Weshalb? Gefällt dir das Gut nicht?«
»O doch! Und immer mehr! Dort ist alles schön: das Haus, die Natur ... Und meine Leibeigenen sind so ergeben. Dank Eurer Majestät bin ich der glücklichste Mensch auf Erden. Doch ich muß hier bleiben... Es gibt soviel Arbeit in der Kanzlei.«
Sie lächelte:
»Bald wirst du von all diesen Zwänge erlöst sein. Es sei denn, mein teurer Alexander wolle dich in seinen Dienst nehmen als Sekretär. Ich verspreche dir, es ihm ans Herz zu legen, bevor ich sterbe.«
»Oh! Eure Majestät sollte nicht so sprechen!« protestierte ich. »Ich kann mir eine Zukunft ohne Euch nicht denken. Ihr seid... für mich...«
Ich fand keine Worte. Jäh wurde mir bewußt, daß ich sie

nicht wie eine Herrscherin, sondern wie einen mir sehr teuren Menschen angesprochen hatte, der seit jeher mein Leben teilte. Vielleicht war sie tatsächlich die einzige Frau, die ich je geliebt hatte? Tränenerstickt verstummte ich und wandte den Kopf ab.

»Genug, Konstantin Iwanowitsch!« befahl sie. »Was immer kommen mag, man muß fröhlich sein. Siehst du, ich habe für diesen Abend einige Freunde in mein Refugium, in die Kleine Eremitage, eingeladen. Die meisten sind witzig-gescheite Menschen. Ich zähle darauf, daß sie mich zum Lachen bringen.«

Während sie sprach, versuchte sie ihrem aufgedunsenen Gesicht den Ausdruck beschwingter Heiterkeit zu geben. Doch ihr Kinn zitterte leicht, ihr Atem ging stoßweise, und ihr schwerer Busen hob und senkte sich unter dem mit Bändern verzierten Mieder. Ich sagte mir, lieber würde ich meine Mutter verlieren, als die Zarin sterben sehen. Dieser gotteslästerliche Gedanke erschreckte mich. Mit der Hand bedeutete mir Ihre Majestät, mich zu entfernen. Bevor ich die Türschwelle überschritt, fragte ich sie:

»Ist Eure Majestät sicher, daß Sie nichts braucht?«

»Nichts, Konstantin Iwanowitsch«, erwiderte sie mit flacher Stimme. »Nichts. Geh, und Friede sei mit dir!«

Als ich am nächsten Tag meinen Dienst antrat, erfuhr ich, daß die Zarin in den frühen Morgenstunden in ihrer Garderobe einen Schlaganfall erlitten hatte und nun gelähmt auf einer Matratze neben ihrem Bett lag. Nach einigen Aderlässen hatten die Ärzte, machtlos, den Geistlichen Platz gemacht. Unverzüglich benachrichtigt, wich Platon Subow nicht mehr von der Seite der Sterbenden. Sich der gravierenden Folgen des Todes der Zarin für die eigene Karriere bewußt, schluchzte er so hemmungslos, daß er sogar im Vorzimmer zu hören war. Ich meinerseits war unentschlossen und verschreckt.

Während die Zarin in ihrem Schlafgemach im Sterben lag, wimmelte der Winterpalast von tuschelnden, herumschnüffelnden und verstörten Höflingen. Man sprach sich mit besorgter Miene an, man erwog die Chancen der einen und der anderen, man befürchtete plötzliche Ungnade, man ersann gekonnte Strategien, um das Vertrauen des künftigen Herrschers zu erringen. Doch wer war der künftige Herrscher? Paul oder Alexander? Katharina die Große atmete noch, und schon dachten jene, die ihr blindlings gefolgt waren, nur daran, sich vor ihrem Nachfolger niederzuwerfen. Mich ekelte vor soviel Niedertracht. In regelmäßigen Abständen orientierte ein Kammerherr über die Lage: Ihre Majestät sei noch immer bewußtlos, Metropolit Gabriel habe ihr die Sterbesakramente gespendet, Platon Subows Verzweiflung sei so groß, daß man um seinen Verstand fürchte, Graf Rostoptschin sei nach Gatschina aufgebrochen, um Großfürst Paul hierherzubringen, überall werde nach Großfürst Alexander gesucht, der sich angeblich mit seinem Bruder Konstantin auf einer Schlittenfahrt befinde. Traurig dachte ich daran, daß unsere Zarin beschlossen hatte, am kommenden 24. November ihren Enkel zum Thronfolger zu erklären, und daß sie nun, wie vom Blitz darniedergestreckt, nicht mehr die Zeit dazu gehabt hatte. Ohne den offiziellen Erlaß würde Alexander, der sanfte Träumer, niemals die Kühnheit haben, vor den Augen seines Vaters den Thron zu besteigen.

Großfürst Paul traf erst um acht Uhr abends im Palast ein. Als er, in seine preußische Uniform eingeschnürt, erschien, verbeugten sich die seinen Weg säumenden hohen Würdenträger Rußlands, einige fielen sogar auf die Knie. Die

beiden Großfürsten Alexander und Konstantin, gleichfalls soeben eingetroffen, gingen gesenkten Hauptes auf ihn zu und küßten ihm die Hand. Um ihm zu gefallen, hatten beide die Uniform der Bataillone von Gatschina übergestreift. Als ich sie so, nach deutscher Manier gekleidet, stehen sah, wußte ich, daß der Wunsch unserer Herrscherin nicht in Erfüllung gehen würde.
Nur kurz verharrte Großfürst Paul vor seiner Mutter, die immer lauter röchelte und niemanden mehr erkannte, und schloß sich dann im kaiserlichen Arbeitskabinett ein. Dort leerte er, unterstützt von Vizekanzler Besborodko und Oberprokuror Samoilow, die Schubladen, brach die Kassette auf, bemächtigte sich des Dekrets, das seine Absetzung bestätigte und, so wurde mir später berichtet, verbrannte die Urkunde im Kamin.
Ich ging über Nacht nicht nach Hause. Alle, die im Palast ein und aus gingen, wachten, in den Salons, ja selbst auf den Treppen verharrend. Um fünf Uhr morgens, am 6. November 1796, trugen Lakaien mit einem Imbiß beladene Tabletts auf. Wir stärkten uns, etwas beschämt, in Erwartung der Todesnachricht. Schließlich kam Oberprokuror Samoilow aus dem Schlafgemach Ihrer Majestät, trat vor die Menge der versammelten Höflinge und verkündete in feierlichem Ton:
»Meine Herren, Ihre Majestät, Zarin Katharina, ist tot. Ihr Sohn, Zar Paul, hat den Thron bestiegen.«
Bei diesen Worten erfaßte mich Empörung, ich wollte schreien: »Ihr täuscht Euch, Ihr täuscht Euch: nicht Paul, sondern Alexander hat sie zu ihrem Erben bestimmt!« Doch kein Laut drang über meine Lippen. Wer war ich, daß ich es hätte wagen können zu protestieren? Dumpf akzeptierte ich, wie die anderen, diesen Verrat am letzten Willen der Ver-

storbenen. Mir schien, ich sei selbst gestorben oder zumindest halte mich nichts mehr in dieser Welt zurück. Um mich herum weinte man, fiel sich in die Arme. Kurz danach drängte sich die Menge ganz unterwürfig in die Palastkapelle, um den Eid zu leisten. Eilig war dort ein Thron errichtet worden. Paul nahm, mit offensichtlicher Befriedigung, den Platz seiner Mutter ein. Sein affenähnliches Gesicht mit den hervorquellenden Augen und den schwulstigen Lippen strahlte Arroganz und Haß aus. Reglos schaute er, wie seine bedeutendsten Untertanen in einem langsamen Zug auf ihn zugingen. Einer nach dem anderen beugte das Knie, las die Schwurformel und küßte die rechte Hand des Zaren. So nahm er die Huldigung seiner Gemahlin, seiner Söhne Alexander und Konstantin, aller Großfürstinnen und aller hohen Würdenträger entgegen.
Meine subalterne Stellung dispensierte mich vorläufig von dieser Formalität. Ohne das Ende der Zeremonie abzuwarten, schlich ich aus der Kapelle und begab mich in das Totenzimmer. Die Schildwache kannte mich und ließ mich eintreten. Die Zarin lag, weiß gekleidet, auf ihrem Bett. Kerzen erhellten ihr nun friedliches altes Gesicht. Noch drückte ein unter dem Kinn geknüpftes Tuch den Kiefer hoch. Ihr Bauch war eingefallen. Ihre wächsernen Hände hielten eine kleine Ikone. Das Parfüm, mit dem man ihren Körper besprengt hatte, mischte sich mit dem süßlichen Duft des Weihrauchs. Vier Geistliche murmelten am Totenbett Gebete ewigen Trostes. Von weitem ertönten die Glocken im Rhythmus des Sterbegeläuts. Die Verstorbene sah so heiter aus, daß ich mich auf Zehenspitzen entfernte, um ihre Ruhe nicht zu stören.
Bereits war die ganze Stadt auf dem laufenden. Auf der weiten Esplanade vor dem Palast drängte sich das niedere Volk,

regungslos im Schnee kniend und leise betend. Auch ich kniete nieder, ohne Rücksicht auf die Kälte, die meine Glieder durchdrang. Mir schien, mein Platz sei hier, unter dem Volk, und nicht dort, in den Salons, inmitten der kriecherischen Höflinge, die bereits ihre Erinnerung an Katharina die Große auslöschten, um den neuen Herrscher Rußlands zu verehren.

IV

Nach der Thronbesteigung Pauls I. war es, als hätte sich Düsternis über St. Petersburg gelegt. Von einem Tag auf den anderen richteten sich die nach preußischer Manier exerzierenden Truppen aus Gatschina unter den Augen der bestürzten Einwohner in der Stadt ein. Der Winterpalast wurde von Unbekannten überschwemmt, alles Gefolgsleute des neuen Zaren und alle bemüht, sich mit militärischer Autorität und Grobheit zu benehmen. Die Salons, wo sich einst die elegante und eitle Menge der Vertrauten Katharinas II. gedrängt hatte, glichen nun einem Wachlokal mit Stiefellärm und Säbelgeklirr. Befanden wir uns noch in Rußland? War es nicht der Preußenkönig Friedrich II., der uns unter der fratzenschneidenden Maske seines Bewunderers regierte?

Gleich zu Beginn entschied Paul I., in allen Dingen die Maßnahmen seiner Mutter ins Gegenteil zu verkehren. Trotz seines Flehens wurde Platon Subow seiner lukrativsten Ämter enthoben, seine Güter wurden beschlagnahmt, und zuletzt wurde ihm befohlen, die Hauptstadt zu verlassen und sich ins Ausland zu begeben. Der Freimaurer Nowikow, den Katharina II. in der Festung Schlüsselburg hatte einkerkern lassen, wurde mit großem Pomp befreit, der Schriftsteller Radischtschew aus dem Exil gerufen, dem aufständischen

General Kościuszko erlaubt, nach Amerika ins Exil zu gehen, und Polens Exkönig Stanislaw Poniatowski prunkvoll in einem Petersburger Stadtpalais untergebracht. Gewiß, das waren scheinbar großherzige Beschlüsse; doch ganz offenkundig waren sie dem Zaren einzig vom Wunsch diktiert, noch über das Grab hinaus dem Schatten seiner Mutter zu trotzen. Sein Haß gegen sie war so groß, daß er den Sarg seines Vaters aus dem Grabmal im Alexander-Newski-Kloster exhumieren ließ und den Befehl erteilte, ihn im Säulensaal des Winterpalastes neben dem Sarg Katharinas aufzubahren. So wurden diese beiden Menschen, die sich zu Lebzeiten so gehaßt hatten, nach vierunddreißigjähriger Trennung im Tod vereint. Über ihren sterblichen Überresten hing ein Spruchband mit einer vom Zaren persönlich verfaßten Inschrift: *Getrennt im Leben, vereint im Tod.* Höflinge, Generäle, Diplomaten, Kanzleiangestellte wurden aufgefordert, am Doppelkatafalk vorbeizuziehen. Ich konnte mich dieser widerwärtigen Zeremonie nicht entziehen. Hier und dort im Saal verteilt, musterten Ordnungshüter die Gesichter der Anwesenden und belauschten deren Gespräche, um dem Kaiser darüber zu berichten. Sogar in der Trauer fühlte ich mich überwacht und bedroht. Mein Verbrechen: ich hatte der Verstorbenen zu ergeben gedient.
Die für Peter III. und Katharina II. gemeinsam abgehaltenen Begräbnisfeierlichkeiten waren Gelegenheit für einen weiteren demonstrativen Sühneakt. Auf Befehl des Zaren marschierten an der Spitze des Trauerzugs, der auf dem Weg zur Peter-Paul-Kathedrale durch die Stadt zog, die Hauptverantwortlichen der Verschwörung von 1762, die seinen Vater das Leben gekostet und seine Mutter auf den Thron gebracht hatte. Alexej Orlow, der vermutliche Mörder Peters III., trug auf einem goldenen Kissen die Krone seines

Opfers; seine Komplizen, Passek und Barjatinski, hielten die Troddeln des Bahrtuchs. Die drei waren seit der Zeit ihres Verbrechens derart gealtert, daß sie, hinkend und befremdet, sich der ihnen auferlegten Strafe gar nicht bewußt schienen.

In der überfüllten Kathedrale zelebrierten die Geistlichen, in schwarze, mit Silberfäden durchwirkte Meßgewänder gekleidet, eine nicht endenwollende Totenfeier für das ungleiche Paar: der Mann mit vierunddreißig Jahren erdrosselt, die Frau mit siebenundsechzig Jahren auf der Höhe ihres Ruhms verschieden. In der Menge verloren, beobachtete ich während der Liturgie den neuen Herrscher. Er strahlte ein teuflisches Vergnügen aus, so als hätte er, mit einem Taschenspielertrick, endlich den Gang der Geschichte korrigiert. Angesichts dieser Absurdität fragte ich mich, in welchen Abgrund dieser unbeständige und triebhafte Mensch Rußland führen werde.

So erstaunte es mich denn keineswegs, daß in den nächsten Tagen eine Reihe unsinniger Erlasse über uns hereinbrach: Verbot, runde Hüte, Stulpenstiefel und enge Hosen zu tragen; Schließung der Privatdruckereien; Verbot, Walzer zu tanzen; Streichung der Wörter »Bürger«, »Klub«, »Gesellschaft« aus dem Wortschatz; Errichtung einer Ausgangssperre ab neun Uhr abends, außer für Ärzte und Hebammen; Übernahme der den Leuten von Gatschina so teuren preußischen Uniform im gesamten Heer, inklusive Gamaschen, eingeöltem und kreidegepudertem geflochtenem Haar; öffentliche Degradierung vor der Truppe von Generälen, die das Mißfallen Seiner Majestät erregt haben...

Über den in diesen Maßnahmen zum Ausdruck kommenden despotischen Wahn verschreckt, verkrochen sich die Bewohner von St. Petersburg in ihren Häusern – wie bei den ersten Stößen eines Erdbebens. Wenn die Offiziere sich zu einer Parade begaben, trugen sie stets etwas Geld bei sich, für den Fall, daß sie von Seiner Majestät in einem Wutanfall direkt nach Sibirien geschickt werden sollten. Auch wir in der Kanzlei fühlten uns nicht wohl in unserer Haut. Obwohl wir uns nichts vorzuwerfen hatten, erwarteten wir stündlich einen Eklat. Jedesmal, wenn ich mit der Postmappe das Arbeitskabinett des Zaren betrat, hatte ich den Eindruck, auf einen unerbittlichen und engstirnigen Richter zuzugehen.

Ich muß aber zugeben, daß er mich höflich empfing. Vielleicht war da ein Anflug von spöttischer Verachtung in der Art und Weise, wie er meine Briefentwürfe prüfte. Mit großem Vergnügen hieß er mich des öfteren, die Briefe neu zu schreiben, und kritzelte ironische Bemerkungen an den Rand. Meist waren es alberne Anmerkungen, zudem unterliefen ihm in Französisch wie Russisch zahlreiche Orthographiefehler. Doch selbstverständlich hütete ich mich, ihn darauf hinzuweisen. Oh, wie trauerte ich der Zeit nach, da die Zarin, nach der Erledigung der laufenden Geschäfte, ein offenes Gespräch mit mir geführt hatte! War es möglich, das dieser Kauz der Sprößling einer so intelligenten, kultivierten und warmherzigen Frau war?

Eines Morgens, die Korrespondenz war unterschrieben, eröffnete mir der Zar, er wolle für alle Sekretäre eine einheitliche Uniform entwerfen. Da ich keine übergroße Begeisterung zeigte, fragte er mich ohne Umschweife:

»Gefällt Euch dieser Entschluß nicht?«

»Ich würde mir nicht erlauben, Eurer Majestät zu widersprechen!«

»Die Uniform ist die beste Garantin inneren Friedens. Ein Mann in Uniform lehnt sich nie auf. Ich will, daß Rußland

sich in eine großflächige, saubere, disziplinierte und ruhige Kaserne verwandelt, wo jeder – vom Geringsten bis zum Höchsten – seinen Platz, seine Rolle hat und von der Achtung vor meiner Person durchdrungen ist. Laßt Euch gesagt sein, daß ich in diesem Land alles vermag! Ein Wort von mir, und ein einfacher Soldat wird Marschall und ein Marschall einfacher Soldat.«
Während er heftig schwadronierte, zuckte sein Gesicht mit niederer Stirn und plattgedrückter Nase. Die Augen rollten in ihren Höhlen. Faustschläge auf den Tisch begleiteten seine Rede. Offensichtlich hatte er einen jener wortreichen Wahnanfälle, von denen ich seine Vertrauten hatte erzählen hören. Unvermittelt fuhr er mich an, einen Finger auf mich gerichtet:
»Das sind andere Zeiten als unter Katharina, nicht wahr?«
»In der Tat, Eure Majestät«, stotterte ich. »Doch ist das nicht normal? Jede Regierung hat ihre Eigenheiten...«
»Meine Mutter hat ein ausschweifendes Leben geführt, sie hat sich mit schlechten Ratgebern umgeben, sie hat das Land wider jede Vernunft regiert...«
Zweifellos wollte er mir eine Verurteilung Katharinas II. entlocken, deren postumes Ansehen ihn verärgerte. Doch ich fühlte mich unfähig, das Andenken der Verstorbenen zu verraten.
»Ihre Majestät hat ja doch wohl weltweiten Ruhm erlangt«, sagte ich stockend.
»Dank einiger akkreditierter Beweihräucherer wie Grimm, Voltaire, Diderot...«
»Sie hat Rußland größer gemacht...«
Diese Worte schienen ihn aus der Fassung zu bringen. Er hielt inne. Ich glaubte die Unterhaltung beendet, doch dann drang er wiederum auf mich ein:

»So trauert Ihr denn meiner Mutter nach?«
»Ich habe so lange an ihrer Seite gearbeitet ...«
»Antwortet mir offen: trauert Ihr ihr nach?«
Ich war bedrängt, gehetzt, verfolgt, mir war die Pistole auf die Brust gesetzt.
»Ihre Majestät, die Zarin, hat mir gegenüber große Güte gezeigt«, bemerkte ich.
Er runzelte die Stirn:
»Das ist eine billige Entschuldigung! Glaubt Ihr, Ihr hättet die Schenkung verdient, die sie Euch vor ihrem Tod gemacht hat?«
»Ich habe über die Taten Ihrer verstorbenen Majestät nicht zu urteilen. Ich werde ihr ewig dankbar sein für das Wohlwollen, das sie mir mehrmals bekundet hat.«
»Und hat sie Euch aus Wohlwollen sechs Jahre lang in Frankreich verkommen lassen?«
»Während dieses Aufenthalts außerhalb unserer Landesgrenzen habe ich viel gelernt.«
»Was, zum Beispiel?« schrie er.
Ich suchte verzweifelt nach einer Antwort, die meinen Inquisitor hätte entwaffnen können.
»Ich habe Gelegenheit gehabt, den russischen Lebensstil mit dem französischen zu vergleichen«, erklärte ich endlich.
»Und die russische Politik mit der französischen?«
»In der Tat, Eure Majestät.«
»Ich möchte Eure abschließende Meinung darüber hören.«
»Ich habe sie Eurer erlauchten Mutter häufig dargelegt.«
»Aber mir nicht. Die Revolution hat Euch geprägt, ich weiß es, ich fühle es...«
»Zu Beginn war ich, wie viele andere auch, schwach genug zu glauben, die hohen Ideale von Freiheit, Gleichheit und Brüderlichkeit würden das Volk in eine Ära des Glücks füh-

ren... Dann allerdings sind mir die Augen aufgegangen, und meine Sympathie hat sich in tiefe Abneigung verwandelt ...«
Sein argwöhnischer Blick ließ mich erstarren.
»Tiefe Abneigung?« warf er lakonisch ein. »Ich habe da meine Zweifel. Sehnt Ihr Euch nicht nach diesen philosophischen Träumereien zurück?«
»Nein, Eure Majestät.«
Er brach in Gelächter aus:
»Da habt Ihr aber unrecht! Es gibt Tage, da fühle ich mich im Herzen eher liberal. Doch glücklicherweise bleibt der Kopf monarchistisch. Das ist die gute Mischung! Auf jeden Fall muß ein Herrscher unberechenbar bleiben, sich bald voller Milde, bald voller Härte zeigen, ohne daß jemand genau wüßte, weshalb er belohnt und weshalb er zuschlägt. Gerechtigkeit ist Sache des Richters, Ungerechtigkeit Sache des Herrschers. Je willkürlicher er handelt, um so mehr fürchtet man ihn; je mehr man ihn fürchtet, um so mehr blühen im Land Wohlstand, Ruhe und Tugend. Habe ich nicht recht?«
Mein Unbehagen überwindend, zwang ich mich zu sagen:
»Ja, Eure Majestät.«
Er stand aufrecht hinter seinem Arbeitstisch. Die Brust in seine grüne Uniform eingezwängt, mit steifen Schultern und erleuchtetem Blick glich er einem General, der soeben einen großen Sieg errungen hat:
»Sehr gut! Ich sehe, daß wir auch weiterhin zusammenarbeiten können.«
Ich erging mich in Dankesbezeigungen, doch meine Angst war nicht verflogen. Als ich am Abend den Palast verließ, hatte ich den Eindruck, von nun an werde mein Weg voller Fallstricke sein. Da ich meine Mutter nicht beunruhigen wollte, erzählte ich ihr nichts von meinem Gespräch mit

dem Zaren. Es kostete mich einiges, mich während unserer gemeinsamen Mahlzeit unbeschwert zu geben.

Einmal in meinem Zimmer, ließ ich in meinem Gedächtnis an mir vorüberziehen, was Seine Majestät zu mir gesagt hatte, und mir schien, meine ganze Weltsicht sei in Frage gestellt. Unbestritten war Paul I. eine ungeheuerliche Karikatur monarchischer Autorität. Mit seinem maßlosen Stolz, seinen unsäglichen Launen, seiner ungenierten Grausamkeit, seiner krankhaften Beharrlichkeit stellte er sich als Abklatsch aller Herrscher Rußlands dar, Katharina die Große inbegriffen. In gewisser Weise geriet sein Wahn der Institution, als deren Garant er sich verstand, zum Verderben. Als ich darüber nachdachte, wieviel Unheil er in meinem Vaterland anzurichten drohte, fragte ich mich, weshalb einem einzigen Menschen soviel Macht übertragen werden konnte. Und zwar einzig deshalb, weil er durch Geburt der regierenden Dynastie angehörte... Dann befiel mich ein Zweifel: War das nicht das Denken der Franzosen von 1789? Ja, erst jetzt, da ich Frankreich und das dortige Chaos nicht mehr vor Augen hatte, begriff ich, was die Französische Revolution trotz des vergossenen Blutes der Menschheit gebracht hatte: eine gewisse Art, erhobenen Hauptes zu gehen, mit den kühnsten Gedanken zu spielen, das Talent und weniger die Geburt zu ehren, am Leben des Landes teilzuhaben, nicht unterwürfig, sondern überlegt... Mit ganzer Kraft wollte ich glauben, daß Joseph Proutier, Laura und die unzähligen Opfer der Schreckensherrschaft nicht vergeblich geopfert worden waren und daß die Hölle von gestern das Paradies von morgen vorbereitete... Schließlich sagte ich mir, in der Politik seien Menschen mit Idealen gefährlicher als Menschen mit Kalkül, denn, von der Richtigkeit ihrer Ideen überzeugt, zögerten sie nicht, ihre Grundsätze gewaltsam durchzusetzen. Waren Robespierre und seine Anhänger nicht überzeugt gewesen, zum Wohl des Volkes zu handeln? Ihr Beispiel bewies, daß es nur ein Schritt war von der liberalen Begeisterung zur Diktatur – und dieser Schritt war schnell getan. Während sie vorgaben, sich in die Höhen der Vortrefflichkeit emporzuschwingen, ließen die Engel der Revolution ihre Flügel in Blutlachen schleifen. Wem folgen? Wem dienen? Den von ihrer Allmacht trunkenen Potentaten mit Erbfolge, wie unserem gegenwärtigen Zaren? Den aus den niederen Gesellschaftsschichten stammenden Neuerern, die verbissen den Planeten nach ihren utopistischen Vorstellungen genesen lassen wollten? Meine Unentschlossenheit machte mir angst. Zur Zeit Katharinas der Großen hatte ich mir keine Fragen gestellt. Schon allein ihre Präsenz verlieh mir das Gefühl, einer unwandelbaren Welt anzugehören. Nun ließ ich mich treiben, wie eine Qualle.

Da ich nicht einschlafen konnte, ging ich in die Küche, um ein Glas Wasser zu holen. Als ich am Schlafzimmer meiner Mutter vorbeiging, erspähte ich unter der Tür einen Lichtstrahl. Vorsichtig stieß ich die Tür auf. Meine Mutter las im Bett. Die Augen von ihrem Buch hebend, fragte sie mich:

»Du schläfst nicht? Hast du Sorgen?«

»Nicht mehr als üblich, Mama.«

»Aber doch. Hast du wegen deiner Arbeit Kummer?«

»Ja, teilweise.«

Sie schüttelte den Kopf unter ihrem mit blaßlilafarbenen Bändern besetzten Spitzenhäubchen:

»Ach! Konstantin, Konstantin! Bleib deinen Erinnerungen nicht allzu treu! Paul I. oder Katharina II. – allein der Name wechselt. Man muß von einem Herrn zum anderen übergehen können...«

»Und falls ich keinen Herrn mehr will?«

»Das wäre unser Ruin. Dienen, annehmen... Das sind die beiden schönsten Worte der russischen Sprache!«
»Es gibt Augenblicke, da sehne ich mich nach Frankreich zurück.«
»Keine Gotteslästerung, mein Lieber! Gott möge uns verzeihen!«
»Ich bin ganz unsicher, Mama. Vielleicht hat Rußland Frankreich nötig?«
Sie sah mich mit belustigtem Erstaunen an und erwiderte: »In gewisser Weise ja. Du siehst, ich lese gerade einen französischen Roman. Der Autor verfügt über viel Talent. Meiner Auffassung nach ist es das, was Frankreich Rußland zu bieten vermag.«
Ich küßte ihr die Hand und ging hinaus. Ich hatte die Stimme der Weisheit gehört. Weshalb gegen den Strom ankämpfen, wenn er ein ganzes Volk in seinen Sog reißt? Wie sehr ich mich innerlich auch auflehnen mochte, ich mußte weiterhin meine Arbeit als Schreiber im Schatten eines mir verhaßten Herrschers tun. Als ich neben meinem Bett vor der Ikone meiner Kindheit zum Nachtgebet niederkniete, bat ich Gott, mir zu helfen, die Gunst Pauls I. zu erlangen, so wie er mir geholfen hatte, jene Katharinas II. zu erlangen.
Am nächsten Morgen rief der Zar alle Sekretäre in sein Arbeitskabinett. Wir waren zu sechst, unseren Vorgesetzten, Chrapowicki, mit eingeschlossen. Wie Revuesoldaten standen wir die Wand entlang stramm. Ich vermutete, der Kaiser werde uns von unserer künftigen Uniform erzählen, doch er fragte einen nach dem anderen nach der Anzahl seiner Dienstjahre. Danach ging er auf uns zu, mit hinter dem Rücken verschränkten Händen, hoch erhobenem Kinn und drohendem Blick, und sagte kurz angebunden:
»Meine Herren, eine neue Regierung braucht neue Mitar-

beiter. Ihr habt meiner Mutter gedient, deshalb könnt Ihr mir nicht dienen. Ich habe mich entschlossen, Euch alle durch Männer meines Vertrauens zu ersetzen. Betrachtet Euch von Stund an nicht mehr als zum Personal der Kanzlei gehörig. Und nun, zieht Euch zurück!«
Ungeordnet drängten wir zur Tür hinaus. Daß sie in Ungnade gefallen waren, versetzte meine Arbeitskollegen in tiefste Bedrückung. Sie sprachen mit tragischer Stimme von ungerechter Absetzung, von zerstörter Laufbahn. Einige rauften sich die Haare. Chrapowicki stöhnte:
»Ich begreife es nicht ... Er schien zufrieden mit uns, und plötzlich...«
»Der Kaiser liebt den Überraschungseffekt«, erwiderte ich. »Wenn man glaubt, er sei einem wohlgesinnt, dann schlägt er am heftigsten zu.«
In Wahrheit erleichterte mich der brüske Meinungsumschwung des Zaren; mir war, als würde ich aus einem Panzer befreit. Frei, ich war frei, nach Monaten der Qual. Ich eilte, meiner Mutter die Nachricht zu überbringen. Sie weinte ein wenig. Dann beschlossen wir, aufs Land zu ziehen, auf unserem Gut zu leben und dort das friedliche Leben der Gutsbesitzer zu führen – fernab von allen Hofintrigen.

V

In den ersten Wochen nach der Ankunft in Danilowo vermißte ich ab und zu die Arbeit im Büro, das Geplauder mit den Kollegen, den Umgang mit den bedeutenden Persönlichkeiten des Zarenreichs, die Indiskretionen, die aus den Vorzimmern des Palastes bis zu uns drangen. Dann gewöhnte ich mich an mein neues Leben, ich entdeckte die Freuden des Müßiggangs, der unbekümmerten Spaziergänge und der geregelten Mahlzeiten. Die Lektüre tröstete mich über das Nichtstun hinweg. Ich richtete mich behaglich am Rande der Welt ein. An meiner Stelle bewirtschaftete Verwalter Kapustin das Gut. Er verfügte über die nötige Erfahrung. Die Ernten waren gut, die Einkünfte ebenfalls. Meine Mutter und ich hatten keine Sorgen mehr. Um mir kein schlechtes Gewissen machen zu müssen, überprüfte ich von Zeit zu Zeit die Bücher: sie waren immer exakt geführt, auf die Kopeke genau. Außerdem hatte ich es mir zur Pflicht gemacht, einmal pro Woche die Dörfer zu besuchen und mich mit meinen Leibeigenen zu unterhalten. Auf diesen Inspektionsrunden begleitete mich Kapustin. Er war einen Kopf größer als ich, trug einen dichten schwarzen Bart und trennte sich nie von seinem Knüppel. Seine schrötige Präsenz verschüchterte die Muschiks. Vor ihm wagten sie es nicht, sich zu beklagen. Und das kam mir sehr gelegen. Ausschließlich

um meine persönliche Ruhe besorgt, sagte ich mir, ich hätte die Probleme des Hofes nicht hinter mir gelassen, um mich jenen der Bauernschaft anzunehmen. Auch meine Mutter hielt mich dazu an, mit verschränkten Armen untätig zu bleiben, denn – so ihre Begründung – wer zuviel ändern wolle, der treibe sich und die anderen ins Unglück. Als Beispiel führte sie die blutigen Irrtümer der Französischen Revolution an. Ohne ihr gänzlich beizupflichten, mußte ich mir doch eingestehen, daß es angenehm war, während des Gewitters im trockenen zu sein. Sie behauptete zudem, definitionsgemäß sei Gott konservativ. Der Geistliche von Danilowo, der uns jeden Sonntag nach der Messe besuchte, teilte ihre Meinung und suchte mich anhand von Bibelzitaten gleichfalls davon zu überzeugen.
Um mich über die Politik etwas auf dem laufenden zu halten, besuchte ich von Zeit zu Zeit den nächstgelegenen Nachbarn, Fjodor Matwejewitsch Schmukin. Er war ein Vertrauter des Marschalls des Adels von Nowgorod und erhielt von diesem stets die neuesten Nachrichten aus der Hauptstadt. Dort nahm, so seine Informationen, der Haß gegen Paul I. die Züge einer eigentlichen Verschwörung an. Auch der Sohn des Zaren war über dessen psychische Störungen entsetzt, doch als schwacher Charakter wagte er ihm nicht entgegenzutreten. Kaum hatte er den von Katharina II. und Platon Subow begonnenen Feldzug gegen Persien abgebrochen, hatte es der Zar in einem seiner Wutanfälle für richtig befunden, Frankreich den Krieg zu erklären. Drei russische Heere wurden entsandt, um gegen Bonaparte zu kämpfen: eines nach Italien, eines nach Holland und das dritte in die Schweiz. Trotz der Erfolge Suworows in Italien scheiterte die dreifache Expedition. Darüber war es zum Zerwürfnis zwischen Paul I. und seinen österreichischen Verbündeten

gekommen, und der Zar hatte öffentlich seine Bewunderung für den Feind von gestern, den Ersten Konsul von Frankreich, erklärt. Er zollte ihm Beifall, weil er die Sansculotten bezwungen hatte. Das hinderte ihn nicht, die Bourbonen, deren Freundschaft er noch unlängst gesucht hatte, aus Mitau zu verjagen. Besser noch, er überwarf sich mit den Engländern, die ihn bisher unterstützt hatten und ließ die in russischen Gewässern vor Anker gegangenen Schiffe kapern; um den »stolzen Albion« zu strafen, befahl er seinen Truppen, Tausende von Wersten durch die wüstenartigen Steppen zu marschieren, um Indien zu erobern. Diese sinnlosen Operationen riefen in seinem Gefolge Bestürzung hervor. Er wurde sich darüber klar, doch anstatt die Wogen zu glätten, ließ er das Volk und die Höflinge noch härtere Demütigungen erdulden: stärkere Briefzensur, Pflicht für jeden Menschen, ob Mann oder Frau, aus der Kutsche zu steigen, sobald der Zar vorbeifuhr, Häufung willkürlicher Verhaftungen...

Als ich von diesen Tollheiten hörte, beglückwünschte ich mich jeden Tag mehr zu meiner Entlassung. Inzwischen war ich überzeugt, daß jede Politik, ob liberal oder despotisch, in sich den Keim von Ungerechtigkeit, Korruption und Irrwitz trug. Dem Grauen der Französischen Revolution entronnen, war ich in das Grauen der russischen Tyrannei geraten. Ein aufrichtiger Mensch konnte sein Heil nur darin sehen, sich vor erleuchteten Anführern wie vor blinden Volksmengen zu hüten. Nur wenn er sich weder an den Beschlüssen des Palastes noch am Aufruhr des Pöbels beteiligte, konnte der Weise hoffen, in diesem eisernen Jahrhundert zu überleben.

Ich neigte um so mehr dazu, den Wert politischen Handelns zu verneinen, als vor kurzem eine kaum achtzehnjährige

Leibeigene, die als Stickerin im Hause arbeitete, mein Interesse geweckt hatte. Sie hieß Marija. Ich machte sie zu meiner Mätresse. Meine Mutter hatte nichts dagegen, ganz im Gegenteil. Sie war der Meinung, ein Mann meines Alters – ich war gut vierzig – müsse, um seiner Gesundheit willen, in regelmäßigen Abständen seinen männlichen Trieben nachgeben.
Marija war blond, sanft, reinlich und verständig. Bald war sie mit dem Liebesspiel vertraut. Stets fröhlich gestimmt, trat sie nur dann in Erscheinung, wenn ich nach ihr verlangte. Sie half mir die Stiefel ausziehen, schrubbte mir den Rücken, wenn ich zum Schwitzbad ging; bei großer Hitze fächelte sie mir mit einem in frisches Wasser getauchten Tuch Kühlung zu, und im Winter wärmte sie meine Bettücher vor und schlüpfte erst zu mir ins Bett, wenn ich mich gewärmt hatte. Um unser Verhältnis zu erleichtern, hatte ihr meine Mutter jegliche Hausarbeit erlassen. Doch selbstverständlich setzte sich Marija nie mit uns an den Tisch und blieb nie die ganze Nacht in meinem Zimmer. Ich hatte es mir zur Gewohnheit gemacht, sie in der frühen Morgendämmerung wegzuschicken. Das war meiner Auffassung nach eine zur Wahrung des Standesunterschieds unerläßliche Maßnahme.
Meine Mutter schätze Marija außerordentlich. Gern schenkte sie ihr ein Stück Stoff für ein Mieder oder eine auf dem Jahrmarkt von Nowgorod gekaufte Glasperlenkette. Jedesmal errötete Marija und murmelte mit dankbarem Blick: »Es ist zuviel, *Barinja*, ich habe das nicht verdient, ich habe das nicht verdient...«
Bei solchen Gelegenheiten kam es mir vor, als wäre meine Mutter Katharina I., die ihre Gunst den niedrigsten ihrer Untertanen zukommen ließ. Eines Tages im Sommer 1798

nahm sie mich zur Seite und sagte, mir direkt in die Augen blickend:
»Konstantin, du solltest Marija ein Kind machen!«
Aus allen Wolken fallend, stammelte ich:
»Denk nicht daran!«
»Doch, und sogar immer mehr! Ich hätte so gerne einen Säugling im Haus. Vor allem einen Jungen. Natürlich kommt es nicht in Frage, daß du ihn anerkennst! Doch er wird hier aufwachsen, ich werde mich um ihn kümmern, dem Mädchen lassen wir eine nette Entschädigung zukommen, damit es später eine Zukunft hat...«
Ich hatte den Wünschen meiner Mutter noch nie widerstehen können. Wenn ich es bedachte: Vielleicht würde das Kind noch zusätzlich zu unserem Glück beitragen? Ich versprach, mit Marija darüber zu sprechen. Es traf sich gut, daß auch sie sich ein Kind wünschte. Der Gedanke an diese Zeugung auf Befehl beeinträchtigte zwar meinen Liebesgenuß, doch wir waren erfolgreich. Sobald Marija schwanger war, geriet meine Mutter in jenen Zustand lächerlichen Frohlockens, der anscheinend alle Frauen angesichts des Geheimnisses der Schwangerschaft befällt. Sie umsorgte Marija mit tausend Aufmerksamkeiten, verbot ihr, sich mit unnützen Arbeiten zu ermüden, zeigte sich bei den ersten Anzeichen von Übelkeit äußerst besorgt, beriet sie in Sachen Ernährung und tätschelte genüßlich ihren Bauch.
Die Geburt fand im Haus statt, in der Nacht des 15. März 1799. Zwei Matronen aus Danilowo bemühten sich bis in die Morgendämmerung hinein um Marija, deren Schreie mir in den Ohren gellten. Meine Mutter war bei dem Ereignis zugegen und eilte stündlich zu mir in den Salon, um mich über den Verlauf der Geburt zu informieren. Endlich hörte ich hinter der Tür ein dünnes Schreien, gefolgt von

einigen Siegesrufen: es war ein Junge. Wie es üblich war, ging ich zur jungen Mutter, beglückwünschte sie und küßte sie leicht auf die Stirn. Welche Glückseligkeit auf dem erschöpften und schweißüberströmten Gesicht! Ich glaube, noch die größte Sünderin hält sich für die Jungfrau Maria, wenn sie ein Kind zur Welt bringt.

Meine triumphierende Mutter präsentierte mir auf ihrem Arm ein Windelpaket, aus dem ein rötliches und runzeliges Gesicht hervorguckte. Mir kam der Gedanke an eine andere Geburt, die mich in meiner Jugend schmerzlich berührt hatte, weil mich meine Gattin damals notorisch betrogen hatte. Diesmal aber war ich sicher, daß der Sprößling Fleisch von meinem Fleisch war. Und doch genügte das nicht, um mein Herz jubilieren zu lassen.

»Dein Sohn!« rief meine Mutter mit vor Freude zitternder Stimme.

Die Häßlichkeit eben dieses Sohnes bestürzte mich. Mir war, er habe eine gewisse Ähnlichkeit mit Platon Subows Äffchen. Meinen Ekel überwindend, murmelte ich:

»Sehr gut, sehr gut.«

Schnell verließ ich den Raum, in dem, neben durcheinandergeworfenen befleckten Bettüchern, warme und verseuchte Gerüche weiblicher Intimität hingen.

Das Neugeborene wurde in der Kirche von Danilowo auf den Namen Dimitri getauft. Das Eindringen eines Säuglings in unsere Familienroutine brachte mir keinerlei Befriedigung. Meine Mutter hingegen war im siebten Himmel. Häufiger sah man sie über die Wiege gebeugt, als in ihrem Zimmer in die Lektüre vertieft. Sie verhätschelte das Baby, als wäre es ihr eigenes. Marija ließ sie gewähren, voller Rührung darüber, daß ihr Kind von der *Barinja* derart hochgeachtet wurde. Wenn ich sie so sah, alle beide hingebungsvoll mit dem Baby beschäftigt, dann schien es mir, sie bräuchten mich zu ihrem Glück nicht. In Wahrheit gefiel mir Marija weniger, seit sie dieses Kind zur Welt gebracht hatte. Die Mutterschaft mit ihren animalischen Forderungen hatte sie in meinen Augen ihrer Unschuld beraubt. Sie war dicker geworden. Ihre Brüste waren schwer. Mit Wikkeln und Stillen allzu beschäftigt, hatte sie den sinnlichen Charme der Geliebten verloren. Ich betrog sie mit anderen leibeigenen Mädchen. Sie war darüber nicht einmal eifersüchtig. Ihr Sohn genügte ihr.

So floß unser Leben gemächlich und ruhig dahin, enttäuschend für mich, erregend für meine Mutter und Marija. Im Sommer nahm ich von Zeit zu Zeit mit einigen Landjunkern aus der näheren Umgebung an Jagden und Landpartien teil; im Winter, wenn die Straßen wegen des Schnees unpassierbar geworden waren, blieb jeder bei sich zu Hause. In dem von einer weißen, kalten und stillen Ödnis umgebenen Haus am Kaminfeuer sitzend, überließ ich mich dem Hin und Her einsamer Gedankengänge. Die Abfolge der Jahreszeiten entsprach meiner unbeständigen Wesensart. Bereits zu Beginn des Frühjahrs wurden die nachbarlichen Besuche wiederaufgenommen. 1801 setzte das Tauwetter besonders früh ein. Im März des gleichen Jahres sah ich meinen Freund Schmukin mit strahlendem Gesicht in Danilowo ankommen. Sobald er sich aus seinem pelzgefütterten Mantel geschält hatte, rief er freudig:

»Eine großartige Nachricht, Konstantin Iwanowitsch!«

Dann erzählte er vom unerwarteten Tod Pauls I. Nach der offiziellen Lesart war Seine Majestät einem Schlaganfall zum Opfer gefallen. Doch jedermann in seinem Gefolge wußte, daß er von einer Gruppe von Verschwörern ermordet worden war; die eigentlichen Drahtzieher waren Graf Pahlen,

General Bennigsen, Platon Subow und dessen Bruder Nikolaus. Das gewaltsame Ende überraschte mich nicht. Seit seiner Thronbesteigung hatte der Zar es derart hartnäckig darauf angelegt, es mit allen zu verderben, daß er an seinem Schicksal eigentlich selbst schuld war. Unter dem Siegel der Verschwiegenheit vertraute mir Schmukin sogar an, nach Meinung des Marschalls des Adels von Nowgorod sei Großfürst Alexander über die Verschwörung auf dem laufenden gewesen und habe sich »im Interesse von ganz Rußland« der Ermordung seines Vaters nicht widersetzt. In St. Petersburg hatte die Nachricht vom Tod des Zaren einen Freudentaumel ausgelöst. In den Salons, aber auch in den Straßen fiel man sich, den Namen des neuen Zaren, Alexanders I., segnend, in die Arme.

Vom Geistlichen von Danilowo ließ ich eine Messe lesen – weniger für das Seelenheil Pauls I. als für den Erfolg seines Sohnes, über dessen liberale Gesinnung ich Bescheid wußte. Zuvorderst in der ersten Reihe im weihrauchverhangenen Kirchlein stehend, die verschwommene Masse meiner Leibeigenen hinter mir, dachte ich an die seltsame Folge von Morden – Wegmarken in der Geschichte unseres Landes. Nur wenige Zaren hatten den Thron bestiegen, ohne über eine Leiche zu gehen. Selbst Katharina die Große hatte ihren Gemahl, Peter III., ermorden lassen, um die Krone zu gewinnen. Als die Reihe an ihn gekommen war, hatte Alexander I. schamhaft die Augen abgewandt, während seine Anhänger den Vater niedermetzelten. Ich hatte entschieden Grund zur Annahme, daß Politik stets mit Feigheit, Lüge und Blut verbunden war.

Diese Kritik hinderte mich – paradoxerweise, wie ich mir selbst eingestehen mußte – nicht daran, große Hoffnungen auf die Herrschaft unseres neuen Zaren zu setzen. Seine ersten Beschlüsse bewiesen mir, daß ich mich nicht täuschte: kaum ins höchste Amt eingesetzt, gebot er dem Expeditionskorps seines Vaters zur Eroberung Indiens Einhalt, ließ die politischen Gefangenen frei, setzte die in Ungnade gefallenen Offiziere wieder ein, ließ erneut Privatdruckereien zu, erlaubte Reisen nach Europa, lockerte die polizeiliche Überwachung und führte in der Armee anstelle der verhaßten preußischen wieder die russische Uniform ein. Besser noch, er dachte bereits über grundlegende Reformen nach, träumte davon, die Leibeigenen zu befreien, und umgab sich mit guten Ratgebern wie Stroganow, Czartoryski, Kotschubej und Nowossiltsow, die alle für die Fortschrittsidee eintraten. Davon abgesehen, ließ mich der berühmte Plan zur Aufhebung der Leibeigenschaft ratlos. Meiner Meinung nach konnten unmöglich Millionen von Bauern, die an die Zwänge (aber auch an die Vorteile) völliger Unterwerfung gewohnt waren, in die Freiheit entlassen werden, ohne die Gesellschaft in ihren Grundfesten zu erschüttern. Höchstens war einigen unter ihnen der Zugang zu echter bürgerlicher Verantwortung und Achtbarkeit zu erleichtern. Im besonderen dachte ich an Marija, die dieses Los unbedingt verdient hätte. In diesem Sinne eröffnete ich mich meiner Mutter, die mir versprach, die Frage von ihrer Seite her zu erwägen, denn ihrer Meinung nach war eine solche Maßnahme möglicherweise auch mit Unannehmlichkeiten verbunden. War es sicher, daß Marija die Freiheit, die wir für sie ins Auge faßten, überhaupt wünschte? Schließlich beschlossen wir, die Sache auf sich beruhen zu lassen.

Ein Jahr später, genauer gesagt, im Juli 1802, erkrankten einige Dorfbewohner Danilowos an Pocken. Trotz der Vorhaltungen meiner Mutter ging Marija ins Dorf, um ihre kranke Schwester zu besuchen. Einige Tage danach lag auch sie mit hohem Fieber und roten Pusteln im Gesicht im Bett. Sofort trennten wir sie von ihrem Kind. Wie durch ein Wunder wurde Dimitri nicht angesteckt. Trotz der Anstrengungen eines Arztes, den ich aus Nowgorod hatte herbeirufen lassen, starb Marija erschöpft an einem Erstickungsanfall.

Ihr Tod erschütterte mich mehr, als ich geglaubt hätte. Ich erinnerte mich daran, daß Katharina II., kaum zur Zarin gekrönt, als eine der ersten den Mut gehabt hatte, sich den Pockenerreger einimpfen zu lassen, um sich gegen die schreckliche Krankheit zu schützen. Damals hatten es nur wenige Menschen gewagt, ihrem Beispiel zu folgen. Auf dem Land behandelten sich selbst die Grundbesitzer weiterhin mit pflanzlichen Heilmitteln. Ich hatte mir nichts vorzuwerfen. Als Zeichen meiner Trauer wählte ich persönlich Marijas Grabstätte aus und gab ein steinernes Kreuz in Auftrag, obschon die anderen Kreuze des Friedhofs ausnahmslos aus Holz waren. Meine Mutter beweinte ausgiebig ihr Los. Dennoch konnte ich mich des Verdachts nicht erwehren, insgeheim sei sie über den Gedanken erfreut, Dimitri nun für sich allein zu haben.

Einige Zeit später legte sie mir nahe, Dimitri förmlich zu adoptieren. Für das Überleben unseres Geschlechts, so meinte sei, sei das unerläßlich. Ich gab nach, mehr um des lieben Friedens willen denn aus Überzeugung oder später Zuneigung. Die Formalitäten dauerten zwei Monate. Am 13. April 1803 schließlich wurde der kleine Bastard Dimitri, Sohn einer Leibeigenen, Dimitri Konstantinowitsch Schewezow. Er war vier Jahre alt. Ich begab mich nach Nowgorod und hatte das Glück, dort einem Flüchtling elsässischer Herkunft zu begegnen, den ich unverzüglich als Französischlehrer für meinen Sprößling einstellte. Danach interessierte ich mich nicht mehr für das Kind, das mir meine Mutter aufgezwungen hatte. War es mein Fehler, wenn ich keine väterlichen Gefühle entwickelte? Dennoch muß ich zugeben, daß Dimitri mit zunehmendem Alter netter aussah als zur Zeit, da er in der Wiege lag. Er hatte große, schalkhaft blitzende schwarze Augen und reizende Wangengrübchen; seine allzu schmalen Lippen indes mochten auf einen schlechten Charakter hindeuten. Meine Mutter behauptete, er gleiche mir aufs Haar und wiederholte mir voller Rührung jede seiner kindlichen Weisheiten. Ich hütete mich, in diese etwas kindische Schwärmerei mit einzustimmen. Ich hatte das Gefühl, ich sei es meiner Würde schuldig, zwischen Dimitri und mir eine gewisse Distanz zu wahren. Letztlich hatte ich Angst, mich bezaubern zu lassen.

Zu jener Zeit erhielt ich ein Schreiben von Paul Stroganow, einem engen Freund und Berater des Zaren, worin er mir eröffnete, Seine Majestät wünsche mich dringend im Palast zu sehen. Meine Mutter erschrak in Erwartung einer neuen Katastrophe. Ich beruhigte sie mit dem Hinweis, wir seien nicht mehr unter der Herrschaft Pauls I. Doch innerlich verfluchte ich diese Reise, von der ich nichts Gutes erwartete, der ich mich aber unmöglich entziehen konnte.

Bei meiner Ankunft in St. Petersburg fiel mir die gelöste und heitere Atmosphäre in der Stadt auf. Die Fußgänger gaben sich entspannt, die goldene Nadel der Admiralität glänzte fröhlich in der Sonne, prächtige Kutschen kreuzten sich in den Straßen, alles war neu, elegant und kühn in dieser noch unlängst so trüben Metropole. Man fühlte sich in die gelobte Zeit Katharinas der Großen zurückversetzt.

Als ich den Winterpalast betrat, wurde ich von Gefühlen überwältigt. Tausend Erinnerungen bedrängten mich, während ich einem Kammerherrn mit steifem Gang folgte. Er führte mich zuerst in das Arbeitszimmer Paul Stroganows. Ich wußte, daß diese eigenartige Persönlichkeit, Sproß eines immens reichen Geschlechts, zur Zeit der Französischen Revolution wie ich in Paris gelebt hatte und daß Katharina II. Stroganow nach Rußland zurückgerufen hatte, weil er zu rasch dem Jakobinertum verfallen war. Nun gehörte er dem Geheimkabinett des Zaren an. Kaum hatten wir einige Gedanken über das Frankreich von 1789 gewechselt, als schon der Kammerherr zurückkehrte, um mich zum Kaiser zu führen, der mich unter vier Augen zu sprechen wünschte.

Ich hatte Alexander noch als Großfürsten gekannt. Als ich ihn nun wiedersah, war ich erstaunt, wie sehr er sich seit meinem Verlassen der Hauptstadt verändert hatte. Durch seine Machtstellung war er reifer und entschlußfreudiger, ja ich möchte beinahe sagen, schöner geworden. Mit Eleganz trug er die Uniform des Preobraschenskischen Garderegiments. Groß und schlank, ein Gesicht mit regelmäßigen Zügen, umrahmt von einem hellbraunen leichten Backenbart, mit blauen sanften Augen, schien er mir von stolzer Gewandtheit in der Rolle des nordischen Potentaten mit französischen Manieren. Aufrecht mir gegenüber stehend, erwähnte er mit wenigen Worten unser freundliches Verhältnis zur Zeit seiner Großmutter. Dann bot er mir, ohne Umschweife, meine frühere Stellung in der kaiserlichen Kanzlei an. Bereits während meiner Reise hatte ich diese Möglichkeit erwogen. War es nicht gewagt, sich wieder auf die Hofintrigen einzulassen? Nun, da ich das friedliche Landleben kannte, hatte ich nicht den Mut, es für den hohlen Glanz der höfischen Ehren aufzugeben. Alexander I. beobachtete mich schweigend, als könnte er mit seinen Blicken die Phasen des Kampfes verfolgen, der in meinem Inneren tobte. Schließlich teilte ich ihm klopfenden Herzens meine

Absage mit und versuchte, sie ihm zu begründen. Bereits nach den ersten Sätzen unterbrach er mich:
»Schade! Doch ich verstehe Euch. Das öffentliche Leben verzehrt die wohlmeinendsten Charaktere. Ich persönlich unterwerfe mich diesen Zwängen nur aus Pflichterfüllung und mit äußerstem Widerwillen. Mein Jugendtraum war, mich, wie Ihr es getan habt, auf das Land zurückzuziehen...«
»Ich habe schon von dieser Neigung Eurer Majestät gehört«, bestätigte ich leise.
»Die Umstände haben anders entschieden. Ich beneide Euch. Geht, Konstantin Iwanowitsch, und denkt nicht mehr an die Angelegenheiten des Staates, da die Euren Euch genügen!«
Nach Danilowo zurückgekehrt, fühlte ich mich seltsam verunsichert. Mir schien, ich hätte auf beiden Seiten verloren. Nachdem ich den Zaren gesehen und einmal mehr die Luft des Winterpalastes geatmet hatte, konnte mich der tägliche Familientrott nicht mehr befriedigen. Und dennoch, für nichts auf der Welt hätte ich in jene Büros zurückkehren wollen, wo in fiebriger Atmosphäre die politischen Umwälzungen vorbereitet wurden. Ich war begierig auf Neuigkeiten aus der Hauptstadt und zugleich glücklich über die Distanz, die mich von den Mächtigen trennte. Mein größtes Vergnügen bestand nun darin, die eintreffenden Informationen mit einigen ebenso müßigen Nachbarn zu diskutieren. Ich billigte das Mißtrauen Alexanders I. gegenüber Bonaparte und seine Empörung über die Entführung und Hinrichtung des Herzogs von Enghien, als gefährlich aber erachtete ich seinen Entschluß, das Ereignis zum Vorwand zu nehmen, um die diplomatischen Beziehungen zu Frankreich abzubrechen und sich der Koalition von Österreich

und England anzuschließen. Die Krönung des Ersten Konsuls, nun Kaiser Napoleon I., hingegen begrüßte ich mit schallendem Gelächter. Welch eine Posse! Und der Papst spielte mit! Würde dieser theatralische Ruhm dem einstigen kleinen General nicht in den Kopf steigen und ihn dazu anstacheln, sich in noch gefährlichere Abenteuer zu stürzen? Abermals verspürte ich den Wunsch, nach St. Petersburg zu eilen, um dort zu sein, wo die Zukunft gemacht wurde. Meine Mutter hielt mich davon ab.

Ich tröstete mich also über meinen Müßiggang hinweg und begann, diesen wahrhaftigen Lebensbericht zu verfassen. Die Feder glitt leicht über das Papier, so als würde ich mich einem ganz nahen Freund anvertrauen, der fähig wäre, alles zu verstehen und alles zu entschuldigen. Mit jedem Blatt gewann ich mehr Einblick in das Schwanken meines Gemüts und in das Gewicht der Ereignisse, die mich bis in diesen friedlichen Rückzug geführt hatten. Hin und her gerissen zwischen dem Wunsch zum Handeln und dem Hang zum Träumen, zwischen der Sympathie für Frankreich und der Verehrung für Rußland, wußte ich weder genau, wer ich war, noch, weshalb mir Gott diesen seltsamen Platz auf Erden zugewiesen hatte. Doch weit weg von mir gingen die Kämpfe weiter, mit unterschiedlichem Erfolg für unsere Heere. Der Irrwitz dieses Gemetzels faszinierte mich. Ich verurteilte den Krieg und verschlang die in den Zeitungen veröffentlichten Kommuniqués. Nach den Erfolgen Kutusows in Mähren und Österreich bestürzte mich die katastrophale Niederlage bei Austerlitz. Ich stellte mir vor, nach diesem grauenvollen Blutbad würden endlich Friedensverhandlungen aufgenommen. Und tatsächlich gerieten die Kanzleien in Aufruhr, wurden Geheimnoten gewechselt, und es war die Rede vom Lösen alter und vom Knüpfen neuer

Allianzen. In Wahrheit war alles nur Schein. Bereits im Juli 1806 war der Zar erneut kriegerisch gestimmt. Von der Begeisterung eines ganzen Volkes getragen, traf er Vorbereitungen, um sich zu seinen Truppen zu begeben, um den »korsischen Menschenfresser« endgültig zu schlagen.

Zu diesem Zeitpunkt gab es für mich kein Halten mehr: auch ich mußte mich in das Schlachtgetümmel stürzen. Ohne meiner Mutter etwas zu sagen, unternahm ich die nötigen Schritte, um in die Armee aufgenommen zu werden. Trotz meines Alters – inzwischen bin ich über Fünfzig – bin ich als Oberleutnant und Dolmetscher dem Stab General Bennigsens zugeteilt worden. Eine ganz friedliche Aufgabe, doch zumindest werde ich nach der Rückkehr aus dem Krieg ein gutes Gewissen haben. Um kein Mißverständnis aufkommen zu lassen: es geht mir nicht um Patriotismus – dieses Wort ist mir verdächtig –, sondern um den kindlichen Wunsch, nicht vor mir erröten zu müssen. Meine Mutter schluchzte, als ich ihr meinen Entschluß mitteilte. Dann hat sie mich gesegnet und mich aufgefordert, meinen Sohn zu segnen. Ich hatte beinahe vergessen, daß ich einen habe.

Morgen werde ich aufbrechen. Beim Gedanken daran fühle ich mich unbeschwert und rein. So als hätte ich mich mit einem Schlag der geringfügigen Unreinheiten des Alltags entledigt. Ich schreibe diese Zeilen in meinem Arbeitszimmer, vor dem offenen Fenster, das den Blick auf den grünlichen Dunst der Landschaft freigibt. Vor mir ein Abhang mit seltenen Kräutern, einige zitternde Birken, ein halbverfallener Zaun und, gegen den Horizont hin, die von Radspuren zerfurchte staubige Straße, die zum Dorf führt. All das ist banal und unersetzlich zugleich, all das ist trübselig und liebevoll russisch. Niemand kann sein Land mehr lieben als ich meines. Und dennoch brenne ich darauf, diesen mir teuren Ort zu verlassen. Welche Absurdität! Hier breche ich meine Memoiren ab. Werde ich sie eines Tages weiterschreiben?

*

Hier endet der Bericht meines Vaters Konstantin Iwanowitsch Schewezow. Beim Durchsehen seiner Archive bin ich auf dieses Bündel vergilbter Blätter gestoßen. Seinem Wohlwollen verdanke ich es, daß ich heute seinen Namen trage; ich bin es mir demnach schuldig, daß ich sein Zeugnis mit einigen Zeilen aus meiner Hand ergänze.

Konstantin Iwanowitsch Schewezow hat weder seine Mutter noch seinen Sohn wiedergesehen. Am 14. Juni 1807 – die Schlacht bei Friedland war in vollem Gang – hat ihm eine Kanonenkugel beide Beine zerschmettert. Seine letzten Worte waren seltsam: *Vive la Russie! Vive la France!* Der Arzt, der ihn im Feldlazarett behandelte, schrieb diesen völlig ungebührlichen Ausruf dem Delirium eines Sterbenden zu. Dennoch erwähnte er ihn in einem Rapport an General Bennigsen; dieser, überaus empört, hielt es für angemessen, den Zwischenfall höheren Orts zu melden.

Wenig später indes nahmen die Ereignisse eine neue Wende, und der Zar versöhnte sich mit Napoleon. Während des berühmten Treffens an der Memel, das zur Unterzeichnung des Friedens von Tilsit führte, berichtete unser Herrscher seinem einstigen Feind sogar über den von Herzen kommenden Aufschrei eines russischen Offiziers auf seinem Schmerzenslager. Napoleon schien davon aufrichtig berührt. Für die beiden Kaiser wurde Konstantin Iwanowitsch Schewezow zum Symbol der französisch-russischen Freundschaft.

Zurück in St. Petersburg, verlieh Alexander I. meinem Vater postum den St. Georgsorden vierter Klasse. Meine Großmutter weinte vor Stolz; als Dank ließ sie ihm das vorliegende Manuskript übersenden. Er hatte die Güte, es zu lesen, und sandte es ihr mit der Bitte zurück, diese von bedauerlicher Freiheit des Geistes zeugenden Seiten niemand mehr zu zeigen. Sie gehorchte ihm. Doch seither ist viel Wasser unter den Brücken der Newa geflossen. Nach fünfjähriger Unterbrechung flammte der Krieg zwischen Rußland und Frankreich von neuem auf: wir haben den Eindringling ruhmreich von unserer Erde verjagt, Paris besetzt, zweimal denjenigen besiegt und exiliert, der die Welt beherrschen wollte. Napoleon I. ist tot, Alexander I. ist tot, auch meine Großmutter ist seit langem tot. Bin ich noch immer an ihr Versprechen gebunden?